日本列島秘史

出雲、エミシ、アイヌ、サンカ、まつろわぬ民の真実を追う

鈴木真悟

今日の話題社

はじめに

「歴史は勝者がつくる」

幾度も繰り返されてきたこの言葉だが、それは真実か。勝者とは時代により更新され、権力を持つものは移ろう。この言葉が真実であれば、勝者にとって都合の悪い情報も、書き換えられ続けてきたであろう。最終的に正史として認められた記録とは、様々な時の権力者によって幾重にも塗り替えられてきたものと言える。こうした歴史の隠蔽は、古くは中国を秦王朝が統治していた時代に発生した焚書坑儒がよく知られている。そして現代であれば、森友学園の問題に関する黒塗り文書の件などは、記憶に新しい。

日本には、過去に偽書とされ、アカデミックな領域では無視され続けてきた『古史古伝』と呼ばれる記録が残っている。文書の形をとらず、ある家系において古代から語り継がれてきた口伝や、民間の伝承の中にも歴史は記録されてきた。

また、文書として形に残っていないものは史実として認めない派閥も存在するが、なぜ文書以外の形での記録が真実ではないと言えるのであろうか？　全く非合理な話である。文書だけが記録ではない。

筆者はこれらの記録を照合すると、別々の場所で伝えられてきた記録内容が、不思議な一致を見せることに気づいた。この数々の一致を整理すると、何が浮かび上がって見えるだろうかと考えた。

本書は、特に日本の正史とされる六国史には書かれていない情報を含む、さまざまな民間伝承（口伝か文書かの形態は問わない）の資料的価値を認め、そのうえで、特にそれらの情報が一致する箇所を注視し、そこから見えたものの分析を進める試みの記録である。よって、日本史を網羅して解説するものではない。しかし、各章はそこだけを読んでもある程度理解できる形にはしているが、最初から順に読んでもらったほうが理解が深まる構成にしてある。特に中央権力に抵抗を続けた「まつろわぬ民」と呼ばれた人々の実像を探り、またその背景から現代社会の形成の過程を探求した。本書の主は「現代社会の形成の過程の分析」であるため、近代史についてはあまり多くは触れない。近代史については、また別の機会があれば書いてみるかもしれない。

筆者のように、歴史を学ぶうちに、正史とされるものに違和感を覚える人は居るだろう。筆者が疑問に思ったことは、他にも同じように思う人が居るかもしれない。本書は大きななにかを結論付けるものではないが、真実を求める人にとって、本書の中に少しでもその助けとなるところがあれば幸いである。少しでも読者が無明から抜け出す力となって欲しいと思う。

分析を進めるうちに、最初は気付いていなかったことが見えてきた。歴史家の八切止夫は多くの著作で、日本の原住民系の人々と、侵略者側である藤原氏に近い渡来人たちの間の対立について書いてきた。被差別部落の研究で著名な菊池山哉も、日本の原住民が渡来人勢力から虐げられたとした。原住民側と渡来人側には多くの軋轢が生じた。しかし、他方に恨まれる行為が、同族の利益ばかりを考えてのものであったわけではなく、利他の側面もあったものもあったのではないかということだ。八切止夫をはじめ多くの歴史家が藤原鎌足は渡来人であったという説を唱えているが、鎌足の出生の伝承は上総に残されている。詳しくは本書を読み進めて参照してもらいたいが、藤原氏を完全に渡来人としてしまっては、見失うものがあるように思う。

本書では多くの情報を、長文で引用している。これは、筆者が独自の解釈で書いたものではなく、実際にこうした記録が残っているということを明示するためである。

また、本書では筆者のフィールドワークによって得た情報を多く含むが、そのことを特別強調する紀行文のような書き方はしていない。歴史読み物の中には、扱っている歴史の情報そのものと関係のない、旅先での出来事を多く挟んでいるものが多々ある。しかし、筆者のように研究の成果を知りたい読者にとっては、そのようなものは要らない情報と思われるためである。

筆者が本書を書くことになった経緯について少し説明したい。筆者はもともと学術的な機関で歴史や古代史を学んできた専門家ではない。本書で扱っているような歴史の研究に力を入れ始めたのは、二〇一一年頃からであった。それまでは、歴史への関心はあまり強く持っていなかった。しかし、主に芸術家の岡本太郎からの影響で、文化人類学、民俗学的なものへの関心は持っていた。岡本太郎は、フランスの大学でマルセル・モースから民族学を学んだ。岡本太郎の著書『岡本太郎の東北』を読んで衝撃を受け、恐山などの東北各地を旅して回ったことはあった。その流れで、柳田國男の著作にも関心を持った。そうした経験は、この本を書くこととなるきっかけにつながっている。そして、岡本太郎は本書でも参照している『東日流外三郡誌』の信奉者であった。

また、筆者は音楽活動を通じて、様々なアーティストの存在を知った。そうして様々な音楽の文化的背景に関心を持つようになり、彼らが影響を受けた宗教、思想、精神世界、哲学について知ることとなった。特に仏教には強く関心を持ち、自分でもテーラワーダ仏教の瞑想会に参加したり、真言宗の結縁灌頂を受けたりもしていた。別段、歴史を学ぼうと意識していたわけではなかったが、その知識は歴史の研究に役立った。

歴史について調べ始めた大きなきっかけは、伊達家（仙台藩）への関心からだった。筆者は宮城県仙台市出身で、父方の先祖は伊達家の家臣であった。二〇一一年に伊達家に関わるある謎に興味を持ち、以降、自分の先祖について知りたい気持ちと合わさり、日本の古代史を調べ始めた。

二〇一一年には東日本大震災、福島第一原子力発電所事故があった。大きな被害が出ているにも関わらず、なかなか全国の原発が運転停止されない状況に疑問を持った。この状況は、いかにして作られてきたのか、不思議に思った。そこで、その根を探ると、自然と古代史にまで調査は及んだ。そして、人類史に深い関わりを持つ、宗教の成り立ちについても特に関心を持つようになった。

どこかに調べたことを発表する目的があった訳ではなかった。ただ、自分の知りたいという欲求を満たすために歴史を学び、各地を探訪し調査した。しかし、それについて発表するつもりは無かったが、せっかく調べたのだから、調査内容を整理してまとめ、発表してみようという気持ちが次第に強くなっていった。諸事情により、その伊達家の謎に関する直接的な情報は発表することはできない。しかし、その調査過程で参考にした情報を基に、本書を書き進めた。伊達家や自分のルーツを正確に分析するには、伊達家に直接関わる情報ばかりではなく、伊達家が日本や世界の中でどのような存在であるかを知る必要があった。そのため、調査範囲を世界、古代にまで広げた。

今回カバーに使用した絵は、筆者の実家に伝わっているものである。筆者の実家には、正体のはっきりしない古文書が多く伝えられてきた。この絵はそれらと一緒に保管されていたものだが、誰がどのような目的で描いたものなのかはわからない。描かれている紙の経年具合からするとかなり古いもの（江戸時代後期から明治初期だろうか）であることは間違いないが、記録は残っていない。幕末期、仙台藩は幕府より北海道の一部警備を命じられていた。また、戊辰戦争後には、伊達家の家臣団が開拓のため北海道へ移住した。おそらく、こうした仙台藩と北海道の関係が背景にあり、私の家にアイヌの人々の姿を描いた絵が伝わったのだろう。筆者の先祖が描いたものかもしれないし、そうではないかもしれない。よく見ると面白いところもあり、なかなか貴重なものなので、カバーに使用した。この絵の他にも、北海道に建てられた神社の設計図も残されている。筆者の先祖は建築関係の仕事に携わっていたと伝わっているので、その関係で残されてたものかもしれない。

他に特に意識したのは、オカルト的なところからの情報を参照しないということがある。『古史古伝』と呼ばれる文書は、史実だけでなく、古神道の奥義などに触れているものが多い。そのため、こうした分野の読者はオカルト的なものへの関心が強い。この分野について書かれた書籍は、霊能者の透視や、見えない存在からのメッセージなどのオカルト的な要素を情報源として扱っているものが多々ある。しかし本書はあくまでも古文書や伝承などの記録を取り上げるものなので、そういった情報は扱わない。

目次

第2章　天皇家とその成り立ちに関わる謎についての分析

第3章　出雲族、荒吐族、サンカ、まつろわぬ民の真実の姿

第4章　日本の古代信仰とミトラ教の関係

第5章　隠された近代史の解明

第1章　正史とされるものの外側にある情報

日ユ同祖論の背景には政治的な策略

民間伝承について書く前に、現在の歴史学の通説とは異なる研究について先に書いておきたい。そうした研究からの報告を踏まえて考察することで、通説を基にした視座では見えないものが見えてくることもあると考えるためだ。

数々の日本とユダヤの風習の一致、ヘブライ語とカタカナの類似を根拠として、日本人の起源はユダヤにあるとする日ユ同祖論がある。イスラエルの失われた十支族が日本人の起源となったともいう。イスラエルの失われた十支族に関するイスラエルの調査機関『アミシャーブ』の報告のような、信ぴょう性のある説も存在する。

しかし、ユダヤの言語や文化はあるとき突発的に発生したものではなく、さらに遡ればその起源がある。ユダヤ人の祖先であるヘブライ人は、メソポタミアのシュメールの奴隷であった。ユダヤと日本の類似点は、必ずしもすべてがユダヤから日本に伝わったものとは言い切れないのである。『天皇の金塊』などの著作のある作家の高橋五郎は、日ユ同祖論の背景には政治的な策略があると指摘している。日本人をユダヤ民族から分かれたものとすることで、ユダヤ民族に権威を持たせたい人々が存在する可能性があるということであろう。

エジプト文明の発祥の真実

さらに、エジプト文明の発生時期が通説である五〇〇〇年前を遥かに遡るとすれば、日本とユダヤの共通のルーツがメソポタミアよりさらに古い時代のものである可能性があると考えられるのである。現在の歴史学では、エジプトのピラミッドは紀元前二五〇〇年頃のエジプト第四王朝期に造営されているとされている。しかし、多くの研究者が、実際のピラミッドやスフィンクスの造営時期はそれよりはるかに遡るという学説を発表している。フランスの数学者R・A・シュワレ・ド・リュビクや、元『エコノミスト』誌東アフリカ特派員の作家グラハム・ハンコックは、スフィンクスの周囲の岩壁に刻まれた縦筋から、紀元前一一〇〇〇年に恐ろしい洪水があり、雨が降ってエジプトが荒廃した、と言う見解を提唱している。

二〇一二年には、フランス人監督パトリス・プーヤル監督がエジプト・キザの大ピラミッドの謎に迫ったドキュメンタリー映画『ピラミッド5000年の嘘』が公開された。「一年の三六五日、そして一日二十四時間のうちの十二時間をピラミッドを建設するために働いたとすると、二百万個の石を積み上げたとするとわずか「二分三十秒」で、次々に石を積み上げる計算になる。おまけに積み上げる石の重さは、セダン一台分の重さ。そのことを考えると、この現代社会人でもセダン一台分もの重さをわずか二分三十秒足らずで次々と積み重ねていくことは、不可能としかいいようがない」など、従来のピラミッド造営に関する学説の不自然な点を指摘し、同時にピラミッド造営に、従来の歴史学で考えられているよりも遥かに高度の技術と知識が用いられている可能性を説明した。

これらの説に、多くの反論があることは知っている。反論の中にはそれが正しい可能性があると思われるものもある。しかし、実際にそれが正しいかどうかは、タイムマシーンにでも乗って確認しない限り、証明できたといえないのではないかと思われるものが多い。ただ、科学的な姿勢としては、通説がどうあっても頭ごなしに否定するのではなく、仮説の正しさを立証するまでの手続きを怠ることなく、検証する姿勢が必要である。従来の学説で説明できないものに対しては、なかったことにするのではなく、新たな知見を導き出そうとする姿勢が、真相究明への道には不可欠ではないだろうか。

マーティン・バナールの「修正古代モデル」

仮に、エジプト文明の発祥が、従来の学説より、はるかにさかのぼる時代のものであったとすれば、文明の伝播の流れも、通説とはまったく異なったものであった可能性もある。

コーネル大学名誉教授／歴史学者のマーティン・バナールは、ギリシア文明をもってヨーロッパや広い西洋文明を起源とする見解を「アーリア・モデル」と呼び、それに対する反論として、エジプト人とフェニキア人が古代ギリシア文明の展開に大きな影響を与えたという「修正古代モデル」を主張した。「アーリア・モデル」が受け入れられた背景には、ヨーロッパ諸国における白人優越主義の台頭があったとする。マーティン・バナールは著書『ブラック・アテナ』の中で、エジプトからの文明の伝播に関する様々な研究を紹介している。その中から特に重要な部分を紹介する。解剖学者のエリオット・スミスは、ピラミッド時代（古王朝時代）に、エジプトへ非セム系アジア人の大量流入があったと考えた。そして、元の住民との混血人種は地中海地域へと移住し、次いで北ヨーロッパへ進出したと考えた。そうしてエジプトから北ヨーロッパへ巨石文化は移植されたと考えた。さらにメキシコのピラミッドも、ペルーやニューギニアに近いトレス諸島のミイラ制作技術もエジプトから来たものとし、エジプトは世界のすべての文化の源泉であったと主張した。しかし、炭素年代測定によれば、ヨーロッパの巨石文化はエジプトのピラミッド時代よりも一〇〇〇年も前に始まったとされ、この説は通用しないものとされた。しかし後に、紀元前一〇〇〇年以降のアメリカにおいて、アフリカの影響と見られる痕跡があった証拠が次々に見つかった。また、中央アメリカのピラミッドがたんなる神殿の土台ではなく、その中に墓所が含まれていたことなども明らかになり、エジプトがはるか後代の様々な文明に間接的な影響を及ぼしていた可能性が強まってきたという。

さらに、フランスの考古学者／測量技師のエドメ・フランソワ・ジョマールや、天文学者のロッキャー卿、スコットランド王立天文台長ピアッツィ・スミスなどの天文学者、数学者、測量技師は、ピラミッドの建設にはπ《パイ》やピタゴラスの三角形の定理などがすでに用いられていたことなどから、エジプトは高い水準の数学的知識があったと主張した。エジプト人こそが最初の数学者であり、天文学者であったと信じる人々も居た。これらの説を主張する者は異端派とされ、アカデミックなエジプト学派や、ギリシア人こそが最初の真の数学者であったとする人々との間に論争が起こった。しかし、実際に多数のギリシア人数学者や天文学者がエジプトへ留学していたという。

これらの話を踏まえると、従来の学説であれば、メソポタミアからエジプトへの文明の伝播と考えられるものも、実際には逆であった可能性も考えるべきではないか。

超古代文明実在の可能性と『ウガヤフキアエズ王朝』

近年の発見では、一万一六〇〇年前にトルコ南部の狩猟採集民が築いたとみられるギヨベクリ・テペ遺跡や、インドのグジャラート州カンベイ湾スラト沖で発見された九五〇〇年前のものとみられる古代都市の遺跡などもある。まだまだ未知の可能性は眠っているのではないだろうか。また、日本では一九九八年に青森県の大平山元遺跡からは一万六〇〇〇年前のものとされる土器が発掘されている。

後述する『帝皇日嗣極秘口伝』では、日本から旅立った人々がシュメール文明を築き、日本へ帰還したと伝えているという。これが真実であったとして、それを証明するのは簡単なことではないだろう。しかし、こうした記録も残されているのである。『竹内文書』(これも後述する)にもこのような内容が記されているが、日本ユダヤ教団のラビ(教師)

であるマーヴィン・トケイヤー氏は著書『聖書に隠された日本・ユダヤ封印の古代史　失われた10部族の謎』の中で、『竹内文書』を偽書と断じ、この説を否定している。これも、先述の政治的な策略が関係しているのかもしれない。しかし、通説に捕らわれずに考察するためにも、こうした情報も記憶に留めておく価値があるのではないか。

日本の古代史で主要資料とされている『記紀（『古事記』と『日本書紀』）』などの史料とは著しく異なる内容を伝える、古史古伝と呼ばれる文献が日本中の様々な場所から発見されている。

『ウエツフミ』『竹内文書』などの古史古伝には、神武天皇以前の古代王朝で、火々出見命の子鵜萱葺不合命が開いたとされるウガヤフキアエズ王朝が存在したと伝えられている。

ウガヤフキアエズ王朝が登場する古史古伝は『ウエツフミ』『竹内文書』『宮下文書』『神伝上代天皇紀』などがある。

ウガヤ朝は『ウエツフミ』によれば七十四代、『竹内文書』によれば七十二代と世代数も近い。古史古伝研究家の吾郷清彦によれば、『竹内文書』は歴史内容の叙述は『ウエッフミ』とまったく違っているものの、系図部分は『ウエッフミ』と一致しているため、『ウエッフミ』の散逸部分を『竹内文書』で補うことができるという。

異なる場所から発見されている幾多の文献が、共通する情報を伝えているということは、それが実際にあった史実である可能性があるとも考えられる。

サンカとしての生活の記録を残した八切止夫

若き日の信長を描いた『英雄伝説』など、歴史上の偉人のイメージを片っ端から突き崩していくような作品を発表し続けた異端の歴史小説家、八切止夫。彼は、自分は祖母の時代に名古屋で「トケコミ（瀬降り生活を離れて暮らすこと。瀬降りを離れても三代まではサンカの同族として交流を持つという）」をした「サンカ」と呼ばれる「セブリ」の一族だったことを自称している。自身のサンカとしての生活の記憶を記した『サンカ生活体験記』『サンカ民俗学』『サンカの歴史』などを発表した。

彼の遺した数々のサンカの伝承もまた『記紀』やアカデミズムの領域では伝えられて

いない、そして古史古伝や他の人々の口伝とも一致する情報を多く含んでいる。しかし、八切の書いていることがすべてサンカの伝承という訳ではなく、独自の研究結果として書かれている情報も多く、その中には疑わしい内容も含まれている。ここは区別して考える必要がある。

アラハバキ族の歴史を伝える『東日流外三郡誌』

『東日流外三郡誌』を中心とする一群の『和田家資料』は、奥州三春藩主秋田倩季からの依頼に応じて、秋田孝季と津軽飯詰の庄屋和田長三郎吉次が、寛政から文政にかけて、古老からの聞き取りや寺社の文書から調査記述したものである。その後、その副本を権七、吉次、末吉の三代が書写によって虫食い等から守り、長作、元市へと引き継いできたとされる。

「東日流」の読みはツガルであり、青森県の津軽を意味する。ツガルは古代六つの群から構成されており、有馬・恵留間・奥法・鼻輪・田舎・平賀の六郡に分かれていた時代の有馬・恵留間・奥法の三郡のことを「外三郡」と呼んだ。『東日流外三郡誌』はこの外三郡の歴史の記録である。

本書によれば、津軽にははじめ阿曽部山《アソベノモリ》という、噴火前の岩木山を神聖視する阿曽辺《アソベ》という温厚な種族が平和に暮らしていたが、津保化《ツボケ》族という好戦的で残虐な種族が大陸から渡来し、阿曽辺族を虐殺し、阿曽辺族は阿曽部山へ押し込まれた。その後、中国の晋の献公に追われた郡公子の一族や、神武天皇に追われた耶馬台国の一族も津軽へやってきた。耶馬台一族の安日彦が王となり、長髄彦が副王となった。そうして諸民族は混血して「荒吐《アラハバキ》族」となった。

この『東日流外三郡誌』もまた、他の古史古伝や口伝と一致する情報を多く含んだものであり、また本書にしか見ることの出来ない情報は、秘された古代史を考えるにあたり大変貴重な記録である。中でも後述の『正統竹内文書』と『東日流外三郡誌』にある日向族に関する情報の一致は大変重要なものと、筆者は考えている。

『東日流外三郡誌』を偽書としてする研究者は多く、真書派の研究者と長く論争を続けている。安本美典氏と古田武彦氏の対立は特に有名である。筆者は『東日流外三郡誌』を含む『和田家資料』の記録のすべてが真実であるとは考えていない。しかし、他の古文書や口伝などとの情報の一致があることから、真実を含むものではないかと考えている。真書派と偽書派、それぞれの主張をまとめた書籍やウェブサイトは多く存在するので、読者の皆様にも是非、それらを参照しながら、ご自身で考えてみていただきたい。

大国主の直系の末裔「富家の口伝」

『記紀』やアカデミズムの領域では伝えられていない、出雲の口伝の歴史を継承している富當雄《とみまさお》という人物が存在した。富當雄は大国主の直系の末裔であり、四千年前からの口伝を現代に伝えていた。作家の司馬遼太郎も『歴史の中の日本』の中で、富當雄を「W氏」という仮名で紹介している。吉田大洋は富當雄を取材し『謎の出雲帝国 天孫一族に虐殺された出雲神族の怒り 怨念の日本原住』『謎の弁才天女 福神の仮面をかぶった呪詛の神』『竜神よ、我に来たれ！ 幸福を呼ぶ守護神の祭り方』などの吉田大洋による著作に、その口伝の一部を伝え記した。

また、富當雄の息子の斎木雲州氏は、父より「真実の出雲史を普及させてくれ」との遺言を受けて大元出版を立ち上げ、『出雲と大和のあけぼの』などの著書を発表した。

富當雄と斎木氏は、サンカや『東日流外三郡誌』についてのコメントも残しており、その内容は情報を統合し考察するうえで貴重な手がかりとなるものだ。斎木氏の著作もまた「東日流外三郡誌」が伝える情報と一致するところが多くある。中でも『出雲と大和のあけぼの』に書かれている、鳥取県米子市粟嶋の旧家で聞き取った話は貴重なものである。粟島付近には安倍姓の家が多く、それは前九年の役で敗れた安倍一族が船で粟島付近に逃れてきたのだという。旧家の老人は「長髄彦とは大彦のこと」「大彦は事代主の子孫」「大彦は安倍家の直接の祖先」といった話を残しており、『東日流外三郡誌』の内容と一致するところがある。

しかし、大元出版や斎木氏の著作群は、富當雄の伝えた内容とは異なる説を採っている点もあり、斎木氏は富家の伝承をそのまま伝えているとは思えないところがある。富當雄は「わが家の伝承は、門外不出とされている。弟にも、息子たちにも話したことはない」と語っている。また、『謎の出雲帝国』の中に、以下の記述がある。

富氏の正式な名称は、富上官（とみのじょうがん）出雲臣財當雄（たからのまさお）という。出雲神族は、祖神の魂の具象化である勾玉を〝宝石（たから）〟と呼び、これを付すことのできる王家を〝財筋〟と称した。右の名称は「出雲神族（富一族）を統括する出雲臣、財筋の當雄」を意味する。現在、出雲に残る財筋はわずかに十二軒とか。このこと一つとっても、出雲神族への迫害がいかにすさまじいものであったかがわかる。また、富家の伝承は、財筋の中の一番優秀な青年を選んで本家に迎え、語り継ぐのだという。

このことから、斎木氏は、富當雄から「真実の出雲史を普及させてくれ」との遺言を受けたが、「富家の口伝」については、すべてを引き継いでいるわけではないのではないかと考えられる。すべてを引き継いでいるのは、財筋の中の別の人間なのではないだろうか。しかし、斎木氏は出雲や日本中の古老や旧家を取材し、「富家の口伝」を踏まえながらも、別の切り口から真実を求めた。それを前提として、本書では大元出版の出版物も参考にしたい。しかし、大元出版の出版物（斎木氏だけではなく、谷戸貞彦氏などの作家も古老や旧家を取材した作品を発表している）の中にも、部分的には「富家の口伝」と前置きがあったうえで書かれている内容もあり、その箇所に関しては口伝を伝えていると思われる。

また、補足を少し書いておくと、本書では富當雄の言葉に登場する「出雲神族」と、他の箇所に登場する「出雲族」は同じ意味で使用する。富當雄の言葉を勝手に改変せずに紹介したかったので、そのまま「出雲神族」としている。

武内宿禰が伝える『帝皇日嗣極秘口伝（正統竹内文書）』

天津教の開祖である茨城の竹内巨磨が公開した竹内文書とは別に、武内宿禰以来の「正統竹内家」とされる南朝小倉宮竹内家に伝わる古神道の秘儀や秘伝があるという。正統竹内家には、門外不出の「秘術口伝」を記録した『正統竹内文書』があり、この口伝の文書としての名は『帝皇日嗣極秘口伝』であるという。『古事記』には天皇が稗田阿礼に『帝紀』と『旧辞』という二つの歴史書を読み習わせたとあるが、その『帝紀』が『帝皇日嗣』であり、蘇我家が所有していた『帝紀』は焼失してしまったが、竹内宿禰の血を引く平群家に伝えられていたのだという。古神道本庁統理・第七十三世武内宿禰（武内宿禰は個人名ではなく世襲名であるという）である竹内睦泰氏が、著作を通じて少しずつその貴重な内容を公開し続けていた。その内容は東日流外三郡誌や「富家の口伝」とも一致する点があり、本書でも貴重な情報として参照する。竹内氏は予備校の日本史講師でもあり、豊富な日本史の知識を基にした、口伝の解説も興味深い。

本書の原稿を書き始めた時点では竹内氏はご存命であったか、まことに残念ながら、二〇二〇年一月に急逝されてしまった。

出雲族のルーツはシュメールを追われたドラヴィダ人か

吉田大洋氏は『謎の出雲帝国』の中で、富氏の言葉を基に、出雲族のルーツをこのように分析している。

出雲神族の伝承を読むと、彼等は北方から下ってきたらしい。富氏も「東北の山や湖に関する伝承が多い。ベーリング海を渡り、北海道、東北、そして出雲へとやってきたのだろう」と言う。だが、出雲神族は北方民族ではない。上古、竜蛇神を信仰したのは、エジプト、シュメール、インド（ドラヴィダ人）、中国（夏人）の四ヵ国であった。

シュメール人とドラヴィダ人は、牛をトーテムとするウル人やアーリア系のインド・イラン人に追われた。一部は残留したが、多くは山中に隠れたり、南方の海上に逃れたりした。台湾のヤァミ族は典型的な竜蛇族で、蛇のトーテム・ポールや楯を作り、蛇の入墨をする。紋章の流れを見ると、彼等はインドネシア方面から流れ着いたらしい。高砂族の研究家として知られる国立台湾大学大学院長の陳奇祿氏にお尋ねすると、

「マレー半島あたりから渡来したと考えて、間違いありません。言語もほとんど同じです」と答えた。

夏人は、ツバメをトーテムとする殷（中国では商という）に滅ぼされた。もっとも、前漢あたりまでの祭器に竜蛇があしらわれているから、全滅したわけではない。本土に残った者や、朝鮮方面へ避難した者もいるはずである。

それでは、出雲神族はどの竜蛇族に属し、どこからやってきたのだろうか。まず、竜蛇族の紋章から考えてみる。彼等は主として、亀甲紋、巴（ともえ）紋、三引竜紋を用いた。発祥地の四ヵ国と、日本に近い朝鮮と台湾に存在した紋章は、次の通りである。

エジプト　巴、亀甲
シュメール　亀甲
インド　巴、三引竜（亀甲）
中国　巴、三引竜
台湾　巴、三引竜
朝鮮　巴

インドの亀甲は、紋章であるとの確認はできなかった。残るのはエジプトとシュメールだが、出雲神族に風葬があったこと、拝火の習俗が残ること（大神神社にも御神火拝戴祭、ご神火祭りがある）などを考えると、シュメールということになってしまう。

次に、出雲神族が神宝とした勾玉から考える。勾玉は朝鮮からも出土し、そうしたことから、出雲神族朝鮮系説が出るのだが、これは出雲から輸出した、と考えたほうがよさそうだ。紀元前三〇〇〇年ごろから、わが国では黒曜石、硬玉の交易を盛んにやっていた。勾玉は世界の各地で発掘され、一番古いものは一万五〇〇〇年前まで溯れる。そして富氏はこう言うのだ。

「富家が用いた宝石（勾玉）は、中近東の勾玉と結びつくように思う」

出雲神族はシュメールを追われ、インド→ビルマ→タイ→中国江南→朝鮮→ソ連→カムチャッカ半島→千島列島→北海道→出雲へと渡来したのではないだろうか。

また、斎木雲州氏は『出雲と蘇我王国』では出雲族の主神・クナト大神についてこのように記している。

わたしの家に、サイノカミの夫婦神像があった。向家ではそれを祖先神として拝んでいた。

サイノカミの主神・クナト大神は、出雲族の指導者だったと、伝えられる。かれの妻・幸姫命は、サイノカミの母神となっている。

サイノカミの特色は、子孫繁栄の神である。子孫繁栄には、結婚と出産が必要である。それでサイノカミは、「縁結びと子宝の神」とも言われている。

クナトという人は、古代インドのドラビダ族の王であったが、大勢の部下を引き連れて、日本へ民族移動を始めた。

ゴビ砂漠を北に進み、シベリアのアムール川を筏で下って、津軽半島に上陸したという。その後かれらは、南に移住して広がった。


吉田氏の分析は、北海道を経由したとしている点以外は、斎木氏の説明と概ね一致している。さらに、八切止夫もまた「サンカ言葉にバビロニア語が多い」と記している。アラブ圏に旅行し、レバノンやイランの人々と実際にサンカ言葉で会話ができたという。ドラヴィダ人は、アフリカ東岸からインド南西部に移住し、さらに北、東へと広がったとされる。富當雄によれば、サンカとは出雲の諜報機関であるという（詳しくは後述)。これも出雲族のルーツを示す重要な証言である。

東日流外三郡誌の信憑性を示す情報の一致

偽書として一際名高い東日流外三郡誌だが、そこに含まれる情報にはすべてを創作などと片付けるのは早いのではないかと思わされるものがある。

東日流外三郡誌と正統竹内文書の間にも、共通する情報が含まれているという。竹内睦泰氏を取材し、多くの著作を発表した布施泰和氏は以下のように記している。

ヒュウガ族とアラハバキ族の戦いは一進一退を繰り返した。政治・軍事的に不安定な状態は第九代開化天皇の時代まで続いたようだ。それは正当竹内文書でも同じで、竹内氏は「(ヒュウガ族は)何度も大和の地から撤退しなければならなかった」と語っている。

富當雄によれば、長脛彦もトミノナガスネ彦の名で出雲神族の系譜の中にあり、また

『東日流外三郡誌』については「出雲神族は、東北から出雲の地に西下してきた。そのとき津軽に残った人々や、神武東征時に追放された人々が、ナガスネ彦の話や出雲系の祭祀を伝えたのだろう」（『謎の出雲帝国』）と語っていた。

斎木雲州氏は『出雲と蘇我王国』の中で長脛彦についてこのように記している。

そののちヤマトでは、物部勢力がまずまず勢いを増し、磯城王朝のクニクル（考元大王の御子・大彦が破れて、摂津国三島から琵琶湖の東岸に逃れた。

日本書紀には、大彦を富ノ長脛彦と書いて、ヤマトでニギハヤヒが殺したと書いているが、誤りである。

磯城王朝はイズモの富王家の血を濃く受けているので、かれが「富」を名のったと、思われる。

かれの息子・狭狭城山君（ささきやまのきみ）は、この地に住み着いて佐々木氏となった。なおも攻撃された大彦は、出雲の向王家に来訪して加勢を求めた、と伝承されている。

三世紀に、日向にいる物部政権がイズモを攻めるという噂があったので、向家は大彦に助ける余力はないと、ことわった。

そのときまで、富家を名のっていた大彦に、以後は富家を名のらないように通告した。

大彦は始めに伊賀の敢国（あへこく）を地盤にしていたから、あへ家を名のり後に安倍家となった。大彦は摂津国の三島にいた時に、先祖の事代主を祭る三島神社を建てたことがあった。

大彦の子・タケヌナカワワケが伊豆に退去した時には、伊豆北端に三島の地名をつけ、三島神社を建て先祖の事代主を祭った。

富家は大彦にはイズモ国内の北陸の豪族を紹介し、北陸に行くことをすすめた。かれは北陸に退去した、と伝わる。大彦の北陸移住の子孫には、後で若狭（福井県）国造になった膳臣（高橋氏）や、高志（越後北部）国造になった道公（みちのきみ）家がある。

日本書紀では饒速日に殺されたことになっている長脛彦が殺されていない点は『東日流外三郡誌』と一致しているのである。富當雄が「トミノナガスネヒコは神武に反撃を試みたが抗しきれず、大和をゆずって出雲にしりぞき、そこで他界した（『謎の出雲帝国』)」と語っているのも、出雲系豪族の居る北陸へ移動したと解釈すれば辻褄が合う。そして、北陸から津軽方面へ移動したと考えられる。

八切止夫は、藤原氏の律令体制による日本全国統一がなされるまでの日本列島には、少なくとも八つの王朝が存在したと説明している。八切もまた、北陸と東北に王朝が存在したとしており、北陸と東北の王朝が親出雲の王朝であったと考えれば、長脛彦が殺されずに逃れることができた可能性はあると考えられる。

また『宮下文書』には、長脛彦が、日本列島の大国十八州の最高行政長官に相当する「初世太気頭《ハセタキガシラ》」の大和・紀州担当であったと記されている。大国十八州とは、親出雲系の国家連合のようなものと考えれば、富家の口伝とも一致するのではないだろうか。

第2章

天皇家とその成り立ちに関わる謎についての分析

三人の荒吐族天皇と出雲の血族

欠史八代《けっしはちだい》という、現在の歴史学では主流となっている学説がある。歴史学者の津田左右吉が初めて提唱した。記紀において系譜は存在するがその事績が記されない第二代綏靖天皇から第九代開化天皇までの八人の天皇のこと、あるいはその時代を指す。

実在が疑問視される天皇は第二代から第九代に限らないが、現在の歴史学では二代から九代までの実在を疑う「欠史八代」説が主流となっているようだ。

『東日流外三郡誌』では、第五代孝昭天皇、第八代孝元天皇、第九代開化天皇は荒吐族と記されている。中でも孝元天皇と開化天皇の二帝は、秋田孝季が寛政五年に記した『安倍系図』にも記されている。

また、斎木雲州氏は、第七代孝霊天皇は磯城王朝の王と記している。磯城王朝については以下のように記されている。

イワミで生まれた五十猛は、成人してタンバ国に移住した。そして海部氏となった。

息子の村雲命はヤマトに進出し、イズモの事代主の子孫の登美（とび）家と協力して、海部王朝を作った。

海部王朝では登美家から后を迎える習慣があり、三代以上それが続いたので、登美家の地が圧倒的に濃くなり、イズモ系の磯城王朝と変わった。

「富」の言葉は古代出雲では、トビと発音した。それでヤマトでは、富家に「登美」の字が当てられた。（『出雲と蘇我王国』）

第七代孝霊天皇が磯城王朝の王ということであれば、出雲系の天皇と見ることもできるのではないだろうか。

出雲大神宮の広瀬宮司が丹後の籠神社の海部宮司を祇園に誘って、お互いの秘密を打ち明けあった話が、吉田大洋『竜神よ、我に来たれ！』に掲載されている。以下に引用する。

（日本の神社など、つぶされてしまうだろう。いや、明日のことさえわからないのだ）

広瀬宮司は酔いにまかせて、「神社にはいろいろ秘密があるだろうが、ここまできたんだ、お互いにバラしてしまおうじゃないか」と、宮司に言いました。「いいとも。なんでも話そう」「お前さんのところの祭神は、アマテラスだとか天のミクマリだとか言われているが、いったいどんな神さんを祭っているのかね」「うむ……。実は、主祭神は出雲の大神さんなんだ。あんたのほうは?」「中央は空位でね、左がミホツ姫とオオクニヌシ。右は天つヒコネの命と、天のヒナドリの命となっている」。籠神社では、祭神を知っていても公表しなかったのです。(いつ、弾圧されるかわからない)そう考えてのことでしょう。出雲大神宮の中央の空座には、クナトの大神が鎮座していたに違いありません。何代目かの宮司が危険を感じ、どこかへ遷座するなどして、心の中では礼拝を続けていたのでしょう。しかし、数代、数十年たつうち、祭神が不明になったものと思われます。

古代より海部氏が神職を担う籠神社の、本当の主祭神は出雲の大神であるということは、斎木氏の海部王朝は出雲系という説明の裏付けでもある。

また、富當雄の伝える出雲神族の系譜では、初代神武天皇の妃のヒメタタライスズ姫も、第二代綏靖天皇の妃のイスズヨリ姫も出雲神族となっている。第二代綏靖天皇以降の天皇家には、出雲の血が濃く流れているということになる。
ヒメタタライスズ姫の父は『日本書紀』では事代主神《コトシロヌシ》、『古事記』では大物主神《オオモノヌシ》とな
っている。斎木雲州氏は、田心姫と第七代オオナモチ・天之冬衣の間に生まれた第八代・
スクナビコ八重波津身《ヤエナミツミ》であると記している。

神武天皇の実在の可能性

実在が疑われるのは欠史八代に限らず、その八代に繋がる初代天皇、神武天皇もまた架空の人物であるという見方が現代の主流となっている。『古事記』では神武天皇は百三十七歳まで生きたとされていることなどが、その実在を疑う根拠となっている。

しかし、竹内文書などの古史古伝でも神武天皇の存在は記されており、その記録が残っているものは記紀に限らない。神武天皇が東征を成功させ、宮殿を建設した畝傍山の東南の橿原について、『古事記』では「畝傍の白橿原」と記されている。昭和期の発掘では、実際にこの地にシラカシの林の跡が見つかっているという。神武天皇の伝承と対応する事物はこれに限らないが、この件も神武天皇の実在の可能性を示す一つの傍証と

いえるかもしれない。

富當雄は神武天皇は実在したとしてこのように話している。

「神武は七代あり、縄文時代に九州から東上してきた。大和入りに七年の歳月がかかっているが、これは出雲神族の抵抗にあったためだ。また、その間に神武は最低でも防府、河内、熊野の三ヶ所で死んでいる」（『謎の出雲帝国』）

神武天皇は称号であって個人名ではなく、それは七代に及んだというのだ。

この神武七代説に対応するような内容が『正統竹内文書』にもある。竹内氏の伝える口伝では、ヒコホホデミというのは称号であり、複数人存在した。神武天皇の本名は「神日本磐余彦火火出見命《カムヤマトイワレヒコホホデミノミコト》」であり、ヒコホホデミが名前に含まれている。第一代が山幸彦で、最後のヒコホホデミは神武であったという。何代続いたかということは、話してはいけないことになっているらしい。代数は不明だが、富當雄の神武七代説にも通じる内容のように思われる。

異なる情報源から共通の内容が出てくるということは、真実という同じ情報を意味している可能性がある。神武天皇の実在も、断定はできないが、真実味をおびてくるように思う。

神武天皇を導いた八咫烏

富家口伝、『正当竹内文書』、『東日流外三郡誌』ではいずれも神武東征を侵略であったと伝えている。『古事記』には八咫烏（建角身命が八咫烏へ化身した）は高皇産霊《タカミムスビ》尊によって神武天皇のもとに遣わされ、熊野国から大和国への道案内をしたと記されている。

八咫烏

この八咫烏について、竹内睦泰氏から「アメノミナカタはタケツノミの弟、タケツノミはナムヂの息子」という話を聞き取った布施泰和氏はこのように記している。

八咫烏はナムジの息子であった！

竹内氏が記紀神話に隠された名前の秘密について言及しているので、八咫烏を例に挙げて少し説明しておこう。私が最初に記紀神話で八咫烏の話を読んだとき、神武を助けた八咫烏は、よくファンタジー物語やお伽話に出てくる妖精とか霊鳥の類なのかと思っていた。

ところが竹内氏は、八咫烏が人間であり、オオナムジの子アジスキタカヒコネであったという。今回の竹内氏の話で、ナムヂの息子としてタケツノミが出てくるが、タケツノミも八咫烏とみられるため、おそらくアジスキタカヒコネとタケツノミは同一人物であると思われる。アヂスキタカヒコネの別名は迦毛大御神（かものおおみかみ）。すなわち賀茂氏の大神様であり、タケツノミは賀茂氏の始祖で賀茂御祖神社（下鴨神社）の祭神だ。つまり、どちらも賀茂氏の祖神として祀られているからだ。（『竹内家長老からの禁則を破って 正統竹内文書 口伝の『秘儀・伝承』をついに大公開！』）

竹内氏の話（アジスキタカヒコネとタケツノミが同一人物かどうかということについては明言していない）に限らず、アジスキタカヒコネの父は『古事記』でも大国主命、『出雲國風土記』でも大穴持命となっている。

斎木雲州氏は、アジスキタカヒコネは第八代オオナモチ八千矛《ヤチホコ》と筑前国の宗像家の多伎津姫《タギツヒメ》の間に生まれたと記している。筑前の北部海岸地方は古代出雲王国領の西の端であったという。

つまり八咫烏は元々は出雲側の人間だったが、なんらかの理由により出雲を裏切り、神武天皇に協力したと考えられるのである。

しかし、富家の伝承では「我々が「カラの子」と呼んでいた、朝鮮からの渡来人ヤタガラスが神武の見方についた」とある。

アジスキタカヒコネについては記紀に、高天原から遣わされたアメノワカヒコに見間違えられるというエピソードが記されている。アメノワカヒコは大国主の娘下照姫命と結婚し、葦原中国を得ようと企んで八年たっても高天原に戻らなかった。葦原中国から戻らないアメノワカヒコへ向けてタカミムスビから放たれた矢が刺さり、彼は死んでしまった。アメノワカヒコの死を嘆くシタテルヒメの泣き声が天まで届くと、アメノワカヒコの父のアマツクニタマは下界に降りて葬儀のため喪屋を建て八日八夜の殯をした。シタテルヒメの兄のアジスキタカヒコネも弔いに訪れたが、彼がアメノワカヒコに大変よく似ていたため、アメノワカヒコの父と妻が「アメノワカヒコは生きていた」と言って抱きついた。するとアヂスキタカヒコネは「穢らわしい死人と見間違えるな」と怒り、神度剣を抜いて喪屋を切り倒し、蹴り飛ばしてしまったという。

アジスキタカヒコネとアメノワカヒコがそっくりだったということで、本来同一の神であったとする説もある。仮に同一人物であったとすれば、アジスキタカヒコネはナムヂ＝大国主の子といっても、高天原という出雲から見れば外国の地から遣わされた養子であったことになる。そして元々「葦原中国＝出雲」の支配を目論んでいたアメノワカヒコは神武天皇に協力したという仮説を立てることができる。

アジスキタカヒコネがアメノワカヒコに見間違えられ怒ったということは、ある時を境にアジスキタカヒコネが態度を変え反抗的になったという意味だろうか。

三本の足を持ったカラスは日本に限らず、アジア広域、アナトリア半島、北アフリカなどにも見られるという。中国神話にも登場し、太陽を象徴する。高句麗では天孫の象徴であるとされ、古墳壁画などにも三足烏《サムジョゴ》が描かれている。

アジスキタカヒコネが元々は出雲の外の人間で、富家の伝承にある「カラ（韓）の子」であったとすれば、共通の敵を持つ神武天皇に協力するのはあり得る話である。

安倍氏と並ぶ陰陽道の宗家であった賀茂氏。その陰陽道は中国の陰陽家の思想を元にして、北伝仏教や神道の要素も取り込んできたものである。陰陽思想は高句麗など朝鮮半島へも伝わっていた。八咫烏の三本の足はそれぞれ天・地・人を表すと伝えられているが、この天・地・人とは「三才」という陰陽思想の一部でもある。やはり八咫烏が朝鮮半島、あるいはその近辺のいずれかの国から来たと考えれば筋が通る。

伏犠と女媧

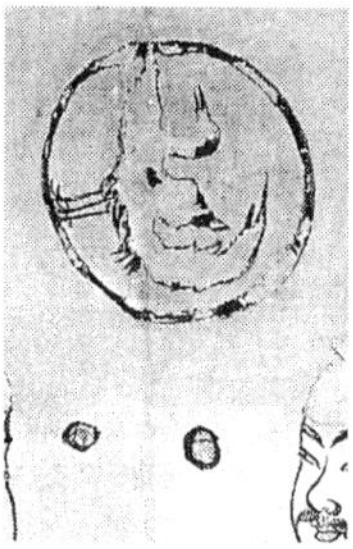

伏犠と女媧の図の中の三本足の鳥

また、苗族の伝承を起源とする古代中国の神話の夫婦神、伏犠と女媧の図の中にも、三本足の鳥が描かれているものがある。苗族の居住地は東南アジア諸国にも分布している。八咫烏の伝承は朝鮮半島を経由して日本に伝わったのかもしれないが、起源は朝鮮半島より遠く離れたところにあると考えられる。苗族のルーツはシュメールにあるという説もある。さらに、苗族の伝承では、自分たちはノアの息子ヤペテの末裔だとされているという。これらのことから、八咫烏は朝鮮から渡来したのかもしれないが、ルーツは中東にある民族の出身であったと考えられる。

『出雲國風土記』にアジスキタカヒコネについて以下のような記述がある。

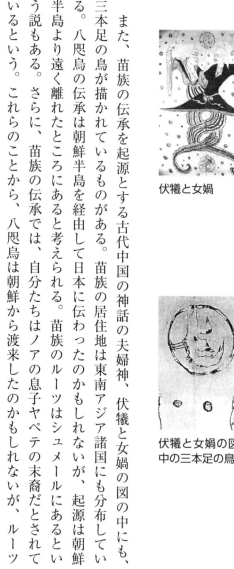

仁多郡、三津郷　郡家の西南二十五里。大神大穴持命の御子、阿遅須岐高日子命、御須髪（みひげ）八握に生ふるまで、昼夜哭き坐して、辞通はざりき。

アジスキタカヒコネの言葉が出雲では通じず、困って泣いている様子が記されているのである。これはアジスキタカヒコネが出雲では外国人であったことを示しているのではないだろうか。

また『東日流外三郡誌』には、日向族について「支那韓土に血族ある」と記されている。さらに『新撰姓氏録』には「是出於新良国　即為国主　稲飯命出於新羅国王者組（祖）合」とあり、神武天皇の兄である稲飯命を新羅王の祖としているのである。竹内睦泰氏も同じように、正統竹内文書では稲飯命は新羅国の祖になったと説明している。さらに竹内氏は、口伝では玉依姫と建角身命には関係があり、建角身命は神武天皇にとって叔父のような存在であったと伝えているという。神武天皇とアジスキタカヒコネがなんらかの血脈的または人脈的な縁があり、そのために神武天皇と日向族に、八咫烏として味方することになったのかもしれない。竹内氏は、神武天皇の母親玉依姫の父である大綿津見神の国は琉球（琉球には、台湾、与那国島という意味もあるという）であり、玉依姫は台湾、沖縄、九州あたりの海域を支配する、琉球の王国の姫であったと説明している。このように広域に支配力を持っていた一族であれば「支那韓土に血族ある」という説明も納得できる。

八咫烏に関する、出どころの異なる多くの情報の一致もまた、神武天皇の実在性を強く感じさせるものである。検証が充分にされたのちに実在の可能性が否定されたのであれば、非実在とされても無理もない。しかし、実際にその充分な論拠はあるのだろうか？「歴史は勝者が創る」とすれば、歴史の勝者、つまり権力者にとって都合が良い歴史が強調されるはずである。それでは現代の「勝者」とは誰なのだろうか？　これから先はその「勝者」を探っていく。

泉涌寺、円満院の天皇家の位牌

京都にある天皇家の菩提寺、泉涌寺には天武天皇系の天皇の位牌がないという。同様に、滋賀県大津市にある円満院の天皇家代々の位牌を安置する位牌堂にも、天武天皇系の位牌がないらしい。

天皇家の系譜は古代、天智天皇系と天武天皇系に分かれた。天武・持統・文武・元明・元正・聖武・孝謙（称徳）というのが天武天皇系の系譜である。

『和田家文書』には、天武天皇系系の女性天皇である孝謙天皇は、荒吐族の天皇であったと記されている。聖武天皇は、藤原宮子を母として誕生した、安倍氏の血縁である阿部皇子（孝謙天皇）を天皇としたという。以下に関連箇所を抜粋する。

天平の代に至りては、安倍氏の血縁なる安部帝即位なせるを祝し、荒吐一族挙げて黄金を大量に掘鋳して献ぜり。（『津軽誕光誌』）

降りて聖武帝の頃、大野東人鎮守府将軍たりて奥州侵攻し、多賀城を築きて荒吐一族を征せんとせるもたちまち奪城さるるも、荒吐一族大いに殉じたり。時に大野東人荒吐族に下りて荒吐の君主・安東丸に和の証として安倍一系の王女として奉り、安東の子をして孝謙天皇とせり。依って日向一族以来の皇統に隠居家督とし践祚即位の御儀二つにし、一は先帝隠居継位とし、一は百司萬民に告らる譲位受禅という。（『十三港城東記』）

聖武帝に御縁、皇子（女）たる阿部宮子改名して藤原宮子を母として御誕生せし阿部皇子（女）は人皇四十六代孝謙天皇と相成りて茲に領主五王、阿部一族奥州六郡の君主と相成りぬ。（『安倍大抄』）

また、宮城県栗原市築館の双林寺について、以下のような伝承が残っている。

天平（七二九〜七四九）の昔、孝謙天皇が御不例で、医薬効なく太史に占わせたところ、陸奥にある高さ数十丈の大杉の枝葉が雲をしのぎ、その陰が皇居に達しているさわりと分り、大納言某を遣わして伐採を命じた。某は築館の地に大杉を発見し伐ったところ、伐り口から血が流れ、翌日はふさがって元通りになる。幾ら伐っても同じことであった。杉の東北の広野にある茅萱を縄とし伐り口をふさげば伐れるという占いによりようやく伐り倒す。切りくずは飛散して一片もなかった。天皇の御病も治り、勅命で伐り口に仏堂を立てた。のち慈覚大師が薬師如来を安置した。（『宮城縣史　民俗3』）

この伐り倒された杉のあった場所が双林寺となっている。場所が占いの結果とはいえ、なぜ平城京（奈良の法華寺を居としていた時期もあるが）から遠く離れた陸奥の地が、孝謙天皇と大きな関わりを持ったという伝承が残っているのだろうか。これも孝謙天皇と東北の地の深い縁の傍証といえるかもしれない。

※安倍大抄の記録では、孝謙天皇の母は通説の光明皇后ではなく、藤原宮子（光明皇后の異母姉）となっている。

双林寺

また、いわゆる古史古伝の一つに『物部文書』と呼ばれるものがある。物部氏と蘇我氏は仏教受容の問題を巡って対立し、蘇我氏や聖徳太子らが起こしたクーデターで物部守屋は殺されたとされる。その際に失われた古代の記録の写しと、守屋の遺子である那加代を遺臣が守って奥州へ逃げのびたという。その那加代の子孫に伝えられたのが『物部文書』(『唐松神社文書』)である。物部氏の奥州亡命は『東日流外三郡誌』と『九鬼文書』にも記されている。『東日流外三郡誌』によれば、物部一族は東日流の広大な土地を開拓し、稲作を始めたという。そして、東日流入澗群酋長乙部と合族し、その後裔は奥州六群を分割統治する荒吐五王の一人となった。

孝謙天皇といえば、弓削氏の僧侶道鏡を太政大臣禅師に任命し、さらに天皇に準ずる位とされる法王の位まで与えたりという寵愛ぶりから、孝謙天皇と道鏡は恋仲であったと見る歴史家は多い。しかし、弓削氏は物部氏の傍系とする説がある。弓削氏が物部の系統であったとすれば、荒吐族の孝謙天皇が道鏡に信頼を置くということは、ごく自然なことであったように思える。道鏡も荒吐族の中で影響力を持っていた物部系であったとすれば、孝謙天皇はさらに荒吐族の力を拡大できると考えたのかもしれない。

古代史家の小林惠子氏は、この位牌問題について「天智と天武は本当は兄弟ではなく、百済王の血をひく天智に対して、天武は新羅系渡来人であったため」という説を唱えている。

『宮下文書』では、白木が長脛彦に協力していたという記述がある。研究者たちの間では、この白木とはのちの新羅ではないかという説がある。新羅の読みは、奈良時代まではしらきであったという。

仮に長脛彦を受け入れたという荒吐族と、新羅が協力関係にあったとすれば、新羅系天武天皇の系統である聖武天皇が、荒吐族の人間を迎え入れたという話は、信憑性を帯びてくる。天武天皇系の天皇の位牌がないということは、天智天皇から現代に連なる天皇家、あるいはその関係者は、出雲族や荒吐族について、封印したいものがあるためかもしれない。

また、『謎の出雲帝国』には、吉田大洋が作成した、辰韓（新羅）の王子アメノヒボコから神功皇后（息長帯比売命）まで連なる系図が掲載されている。神護景雲三年（七六九年）には、宇佐の神官習宜《すげ》阿曾麻呂が「道鏡を天皇にせよ」との宇佐八幡宮の託宣を報じたとされる。この託宣は仕組まれたものであったものではないかと思う。宇佐八幡宮は神功皇后を祀る、新羅と結びつきの強い場所である。称徳天皇（重祚した孝謙天皇）は託宣を確かめるために和気清麻呂を勅使として宇佐八幡宮に送ったが、清麻呂はこの託宣は虚偽であるとした。和気氏は、第十一代垂仁天皇の第五皇子である、鐸石別命より始まる。つまり、孝謙天皇以前の天皇の系統に近い清麻呂が、新羅系の力が拡大するのを阻止しようとした動きであったと見ることができる。この件も、百済系と新羅系の対立に関係しているのではないか。

第3章

出雲族、荒吐族、サンカ、まつろわぬ民の真実の姿

サンカは原日本人？

日本のジプシーなどと称されるサンカ。原日本人ともいわれる、漂泊民。川筋伝いに村から村へと渡り歩き、主に蓑つくり、笊《ザル》つくりなど竹を主原料とする製品を作るといったイメージが一般には強いようである。一般的なイメージとは違った側面を持つサンカについて、富家口伝と吉田大洋の分析、八切止夫の説明などを照らして浮かび上がる実像を記していく。

サンカは出雲の諜報機関

富當雄によればサンカとは出雲の諜報機関であるという。富當雄を取材した吉田大洋はこのように記している。

出雲神族には布教団と称する出雲の神子、諏訪の神子という諜報機関があり、その下にはサンカのアヤタチ（乱破）やミスカシ（透破）といった忍びの者がついていた。歌舞伎の祖とされる出雲のお国は、サンカのエラギ（遊芸者）に属し、一国一名任命されたが、彼女たちの役目も、諸国の情報を集め、出雲や諏訪の祭祀を守ることにあった。

これらの神子やお国は、通行手形がいらない。信玄はここに目をつけ、頼重に妹をやって、諏訪の神子の組織を掌中に入れたのだった。信玄は暗闇の中で敵弾に当たって倒れた。諏訪の神子のグループが狙撃したのである。頼重の仇を討ったのだ。

武田家が滅亡した天正十年（一五八二）の六月、諏訪家は頼家の叔父・新次郎入道の小太郎頼忠が家康に仕え、旧領を復した。家康の窮地を救ったのは、サンカで、家康サンカ（ささら族）説もある。諏訪家の復活にはサンカが動いたのだ。

陰の存在といえば、家康のお庭番となった柳生家をあげねばなるまい。柳生氏は、大和国添上群楊生郷（柳生庄）に起る菅原氏一族。『藩翰譜』に「但馬守菅原宗矩は、聖廟の御末、故但馬守宗厳が二男になり。（中略）慶長五年（一六〇〇）秋、但馬守宗矩、いまだ浪人にて、又右衛門と申せしが、密かに徳川殿の御陣に従う。父と共に、上方にて、兵を起こすべしとして、父宗厳に御書を賜ふ。関ヶ原の軍（いくさ）終わって後、御家人となり、柳生谷正木谷（二千石）を給ふ。その後、御恩度々に及び、一万二千五百石に至れり」とある。

柳生家はやがて江戸幕府のお庭番となるが、伊賀、甲賀屋敷に情報を入れてこれを支えたのは、出雲の神子、諏訪の神子、出雲のお国らのグループ（出雲系サンカ鉢屋一族）であった。

出雲神族の動きは、すべて反体制的である。壬申の乱では、吉野に逃れていた大海人皇子（天武天皇）につき、南北朝の乱では南朝方、戦国時代では家康を助けた。富當雄氏の祖父で熊野大宮司家から出た村雄氏は西南の役時、西郷隆盛をかくまって追われ、宮崎に逃れたが、後に切腹自害している。家康こそ天下人となったが、天武朝は数代で切れ、南朝も中絶した。それにしても出雲神族間の連絡のよさは、驚くばかりである。出雲、大和、諏訪が一体となっている。この一事をしても、三輪氏、菅原氏（トミノ宿禰の末裔）、柳生氏、諏訪氏などが、出雲神族系だといえるのである。

（『謎の出雲帝国』）

サンカが守った国東の絵文字岩

象徴となる岩石や洞窟内部の壁面に、意匠、文字が刻まれた彫刻をペトログラフ（英語：petroglyph）という。日本ペトログラフ協会の会長であった吉田信啓は、大分県の北東部に位置する国東半島に残されていたペトログラフを、サンカの人々が上から重ねて刻み続け、保存していたことを記している。サンカも出雲族も、それぞれの神代文字を使用していた。これもサンカが漢字共用化以前の文化を現代に受け継いでいることを示しており、それが出雲とのつながりを持つ可能性を示している一つの傍証といえるだろう。

八切止夫の著作にみるサンカ像

サンカにはトケコミ三代といわれる習わしがあり、瀬降り（ユサバリとよばれるテントを張って漂泊する生活）を離れても三代までは同族として交流があり、三代以降は絶縁状態となるという。しかし八切止夫（本名は矢留節夫）の家系は江戸時代の亨保二十年代からのトケコミだが、十代過ぎてもサンカのツナガリ（ツナギ役）が集金に来ていたと記している。八切の家は元はサンカの出身ということで、幼少期にサンカの家へ預けられ、サンカのセブリ生活の記憶を数々の著作に記した。サンカの研究といえば作家の三角寛が最も有名だろうが、三角寛や他の多くの研究者は、サンカを輪の外側から調査していた。自身がサンカであった八切の著作の重要性は、サンカ研究史の中でも際立っている。

『謎の出雲帝国』を読むだけではサンカ＝出雲系の人々と考えてしまうが、八切の著作を読むと出雲系の血族以外の人々もサンカに入り込んでいたということがわかる。八切は源平籐橘（日本における貴族の四つ、源氏・平氏・藤原氏・橘氏をまとめた言い方）の出自を、源（元）はモンゴル系遊牧民族、平はペルシャ系海洋民族、藤は唐に代表される漢民族、橘は契丹に代表されるツングース系民族であるとする。源平籐橘の祖先にあたる民族が、太古日本列島に南方の西あるいは南アジアから、そして北からわたってきて住みついたとし、彼らが、同じく他所から渡り住んだ勢力の台頭によって追いやられた。彼らを山岳や僻地を渡り歩く原日本人「サンカ」とした。

中でも契丹系民族から持ち込まれた文化的影響は大きかったようだ。サンカの使用する両刃の短刀ウメガイは、柄にはめた木の部分に焼き火箸で五ツの紋をつけられていた。これを日本では梅鉢というが、契丹の国章の略印なのだという。

契丹から渡来してきて、唐は既に亡国ゆえと遣唐船をやめさせ、初めは蔵人頭だったのが、宮中がトウ勢力一辺倒なのを行政改革しようと、左大将の藤原時平の対抗馬に右大将にされた菅原道真だが、やはり日本の中央権力を占めている宮中のトウ勢力によって、僅か二年で九州太宰権師として左遷されて暗殺。後に罪なくして殺された怨霊が天界より落雷させて祟りをなすと、封じ込めの為に「天満宮」を官製でもって北野に建立して災い除けにされた。

新羅や高麗系ではないから神とか神社とかせず「宮」としたが、ここに掲げられた紋が梅鉢である。つまりウメガイが大量に日本列島へ渡ってきたものの、母国唐を滅ぼした不倶戴天の仇敵と公家はみて、同じ大陸人なのに「賎」に落とし、でっちあげの天刑（慶）の乱を口実にして東北へ追い、瀬戸内海の純友の一族は紀ノ川の流域の川州へ押しこんだ。

つまりウメガイを、その民族のトーテムとしてもち、平氏系や源氏系の先祖となるハタムラの中へ逃げ込んだのが、現代のサンカの起りとみられる。後から追われて加わった契丹系が、大陸からの最新入国人で、知能程度が高く、いつの間にか反体制集団の頭になっていった。（『サンカ生活体験記』）

八切の説明では、ハタムラとはサンカの掟の呼称である。

ハタは、「端々迄（はしばしまで）も」であり、とはいうが、ハタは八幡であり初めは平氏。古代新羅語では後の源氏の俗称となる。ムラは「牟禮（むれ）」つまり「群れ」即ち村である。端々の村まで一人のこらず守ることを、ハタムラというのである。（『サンカ生活体験記』）

富家の口伝では菅原道真は出雲神族だが、それはともかく、唐からの渡来人勢力が、サンカと近しい菅原道真を左遷させたということなのだろう。また、サンカは近代ではCIAから「フジワラ打倒のため、今こそ決起の時である」「純粋な日本人の血をもつ民族によって日本を建て直す」と隠密裡にコンタクトされ、列島分断勢力の一つとして利用された、とも記している。長くなるが、近代のサンカの姿を検証するにあたり『サンカ生活体験記』から以下の文を紹介する。

今になってよく判った事だが、初めは古代海人族つまり「天［アマ］」のつく者らが捕虜となって奴隷になるのを拒み、部族の女を進駐軍の慰安婦にされるのを忌んで連れ出し別天地を作りだしたのだから、民族カラーの赤が女達の下着ではないスカート並みの赤ネルの腰巻。

後には源氏に追われた平氏も、やはり天御一門と同じ西南系ゆえ、民族色は赤色であり、「平家部落」など秘境視されている土地は、川筋があまりない地区などでは移動できずゆえ「居附」、今では五木とよばれる特殊地域になっただけの事らしい。

サンカ言葉には、「八母音」が多いのもそのせいだろう。つまり「八つ」だけではなく、騎馬民族系の「四つ」も追われてサンカ社会へ逃げ込んだのは多いらしいが、サンカは皮革業は絶対にしないものである。

という事は、飼戸の民の末孫はサンカのセブリに逃げ込んでも、八だけの純日本系の血を重んずるハタムラから嫁とりができず、ザボと呼ばれる客分扱いか、すぐ出て行ったものらしい。

しかし、契丹系が十一世紀に、本国では滅ぼした唐勢に追われてサンカ社会へ入った時、その最新近代性というか頭の良さで勢力を拡げサンカ社会を変えたらしいが、混血はせず、契丹系も伴ってきた女に子を生ませ、決して離婚はしなかったから巧く協調できたらしい。

それゆえ、菅原道真が天界から落雷させると、天満宮に封じ込められたとの知らせからして、「トドロキ」と神のことをサンカ言葉で言い出したのは、この時からであるらしい。つまり、仏教みたいに死ぬと悲しむとか、回向料を払うといったのはサンカ社会にはあり得ない。

「生あるものは、いつかは天へ昇ってトドロキ様の許へ行く」

といった考えで、ムレコの許へ死人が出ると通報。クズコ、そしてクズシリに知らせが入ると、蓄えの金で酒を購って送られる。皆で集まって呑んで、新しい箕を二枚合わせた中へ死人（トドキ）を入れて、それで別れを告げる。

だから集まるのは男の大人だけだが、ヨシの仕事場は名古屋の広小路で、便利のよい所だから、ツナガリがすぐ知らせに来たのである。

だが、サンカ社会では葬式は仏教みたいに重要視しないから、仕事が忙しければ、代わりに女房（きゃはん）を代理にとのクズコの言づけがあったのである。そこで、花柳界の藝者衆の歯入れが立て込んでいたので、代わりに母親が姉娘を連れていく事になり、私はおまけみたいに伴してついてきたのである。

初めは男ばかりなので母娘には面食らい、

「どうしやぁたの?」

と言っていたが、酒盛りには女手があると大助かりだと歓迎された。

「遺体（とどき）」は、もうヒトギとよばれる箕の柩に入れられ、榊と水が供えらていた。それを、「お見（身）送り」といって囲んで、焼石で燗をした青竹の酒に、み

な咽喉を鳴らし、

「天（とどろき）へ戻ってゆかっしゃるは、めでたいこっちゃ」

と、死を讃えるような歌をうたっていた。

　地上より少しでも天界に近い方がと、明治七年まではシナドオクリとよぶ風葬が多く、「アノ（マ）モドリ」といって一般的だったが、高い山の上の杉の梢に吊るしたのを里人に見つかると警察へ通報されて刈り込みされるのが続いたので、ムレコ、クズコ、クズシリから、その上のアヤタチ、ミスカシ、ツキサキの豪い人だけが四枚の箕で作った柩（ひどき）に納められ、人間のあまり入らぬ深山の、天に近い高い所へ風葬で身送りし、一般のセブリの衆は土葬と変わったのだと、相変わらず知ったかぶりをして、姉さんみたいに振る舞う娘がそっと教えてくれた。

　仏式のように湯灌をしたり、数珠を持たせたりはしない。皆が交互にウメガイで十字（たてよこ）に邪気を払うだけで、青竹の酒が呑み尽くされると、そっと担ぎだして、掘っておいた穴へいれる。

　死ぬ事は天界の菅原天神様の許へ行く事だから、栄光であっても悲しむべきではない。つまり日本式にいうところの、「死をみること生に帰するが如し」というのは天神信仰である。

サンカ社会からトケコミや白バケで都会生活を続け、三代たてば無縁になるというが、全人口の一割五分という算定は、セブリにまだいる連中からまだ三代たたずトケコミしていない連中の勘定だろう。

三代すぎても、うちの祖母の如く江戸時代の享保二十年代からのトケコミゆえ、二百年たち十代過ぎてもツナガリが集金に来ていた程である。

これは、古代海人族の庶民、つまり奴隷とされた進駐軍の混血児を、同じ黄色人種で区別しにくいが、生まされてきた庶民達を私は85パーセントと推定している。

が、その中に純粋に、「妻や夫は同じ部族から」と隠密族（しのがら）を仲人に立て、間違いなく血統調べをしたのが最低でも全体で20パーセント近くはいる事になる。

85パーセントに対する20パーセントは17パーセントゆえ、サンカ社会の純粋日本人の血は、表面化している15パーセントに潜在人口の17パーセントを足せば32パーセントにはなる勘定である。私みたいに自殺願望で何回もしているのも、この血の流れだろう。

河原敷にセブリを張れる自然環境がなくなってトケコミ化している連中が、現代ではきわめて多いが、厳密に隠しているので一般には全く知られていないが、唯一つといってもよい有名な例がある。

江戸が東京となった時、関西の銀を京の蜷川一族が足利時代から押さえていた如く、箱根の山から東の金は弾左衛門が掌握。札差、両替もみな浅草新地の弾家の金を資金に仰ぎ、現代の大蔵省とか日本銀行の役割をしていたので、新しい東京府は弾家（当時は矢野内記）の協力なしには運営できぬからして、第一助役第二助役として弾家の手代を頼んでいた。

その時、前名隅田川一郎を、隅田一夫と変えた弾家の土木支配をしていた番頭が、手代と東京府土木局長と部長になった。彼は弾家に籍をおいても白バケの子孫である。彼はサンカ社会では「府内族（ふなから）」と呼ばれているが、東京府の指定建築業者だけでなく、全国の土木関係者を「隠密族（しのがら）」という日本の秘密結社のようなグループによって各府県の指定建築業者にしてしまった。

K建設の副社長と某大手建設業者達の入札談合が新聞で大きくとりあげられたが、一部二部上場の大手はみな、この時の隅田一夫によって呼びかけられ、各国別の国一（はじめ）の諒承を得て拵えられた同業組合みたいなもので、同じ仲間ゆえ入札談合は当然な話で、今始まった事ではなく、明治七年から全国的な組織で成り立っていて、そうでないのは下請けしか許されぬ。

あえて土建業だけではなく、殆ど各種のギルド業者がトケコミ団結なのが日本産業界である。

　牛肉がオーストラリアやアメリカの三倍から四倍で日本では売られる仕組みも、畜産事業団の仕組みが、理事長には天下りの役人を戴き高級を払っているが、旧源氏系の白の同族でがっちり内部構造を押さえているからして、大森実が衛星中継でテレビ東京で訴えてきても駄目である。

　なにしろ、大正年間に東宮妃御降嫁が東本願寺からというので、官憲がこぞって反仏派の退治をやったが、セブリの連中は土葬だけ変えても、葬式は祝宴であって、戒名も墓もいらない。だから彼らに対してはどうしようもなかったのである。

　ただ、この時代には各寺がオカミのおかげで儲かったので、大いに名僧有識伝の作り話を出版すればみな高価本がよくさばけた。それを間違えて、昔は名僧高知識の偉い坊さんが多かったなどと作家などはだまされている。

　もちろん何百年、何十年も前からトケコミしている連中は、サンカの秘密性で、警察の言いなりに寺の墓地を購入し、何々家先祖代々之墓とか、何々家墓といったのを表面上は建立した。

　しかしオカミのお達しで自分らの素性を隠す為だから、墓を作った時には怪しまれぬように、「ニクが厚い」と寺側からよばれるように、多額の供養料を納めて寺を喜ばせはしたが、なにしろ恰好づけゆえ長続きしない。二代目や三代目になると、血の流れで絶対に詣りにも来ない。

そこで寺では墓地を取り払い、石塔は石屋に表面を削らせて新品にして、次の注文を待つか、それとも墓地を縮小し、儲かる駐車場や幼稚園経営を始める現世利益なところが、そのために多い。

昔は国ごとに国分寺を作って仏教で一般を洗脳しようとしたが、輸入仏教には原住民どもは寄りつこうとはせぬ。無理矢理に曳きたててこようとすれば、山へ逃げ込んで隠忍（おに）となる。

冬になって山の木の実も囓れる野草もなくなって飢えた隠忍どもが、ひょろひょろと下山してくるのへ、コウリャン粥を恵んでやって、「施餓鬼」と呼んで義理かけし転向させもした。

が、振舞だけよばれておきながら、春になって雪が溶けてくると、また山へ逃げてしまう食い逃げもいる。いくら捕らえても駄目な連中にてこずって、初めは竹内宿弥と日本名で呼ばれる者が、ヤマトタケルを息吹山中にて死なせてから、実力つまり大陸の鉄製武器をもって石斧や貝刀の縄文原住民の反仏教徒を討伐。否応なしに捕虜にし寺へ寄進し、寺奴隷百姓にした。

それでも、まだ日本原住民は多く、「生まれてきたからには早かれ遅かれ死ぬのは当たり前の事で、死は栄光である」といった思想に皆が固まっているので、西暦六六三年の世変わりの時、郭ムソウ将軍の日本名であるらしい藤原鎌足によって漢字(則天唐字)使用令が全国に発布された時の事。福沢諭吉とは反対に、人の下に人を作って先住民を賎とし仏教［への転宗］も命令した。

唐令そのままの大宝律令によって、はっきりした身分制を定め、武力によって討伐をくり返し、縄文時代の日本列島を弥生時代に変化させてしまった強引すぎる進駐軍のやり方［?］に反撥し、西暦七八〇年には寒冷な東北に追い詰められていた古代海人族や、日本海より入って来た騎馬民族、それに彼らよりも古くから漂着して住み着いていた「エ」の民［苗字の発音がエ行横列といった意味らしい］らが、富士王朝復活のためにと、彼らはイ、アル、サン、スウの十進法の算数ではなく、アイウエオの五進法で侵攻。

御所は山背の天険の長岡へ待避。だがその間に岡山へ集団疎開した弁髪軍が、大陸からどんどん鉄製武器を輸入してきて富士川を渡りかけの原住民の大部分を撃退し、岩手あたりでは一の戸、二の戸と次々とバリケードを作って九の戸まで押し込んで行き、海中へ投身するか、投降して奴隷になるかまで徹底的に復讐した。

この際、脚で歩ける捕虜が何よりの戦利品。どんどん新しく造営された平安京つまり今の京都に近い大阪の住吉や兵庫へと運ばれた。

が、連れて戻ってもしようもないのは喰わせて歩くだけ無駄だと、街道の分かれ道へくると、そこで追い払った。だから、〈野史辞典〉の「追分」の項にあるように悲しい悲慕曲が今も伝わっているが、女かカイトと呼ばれる進駐軍の慰安所、男は奴隷漁奴塩奴とされた時、

「また男と女を別々にされ、女はやつらの慰みものにされて、弁髪人のアイノコを生まされてはたまらん」

と、夜陰に乗じて次から次へと逃げ込んだのが、サンカ社会の発生歴史である。

もちろん、竹内宿弥に討伐された際に、既に山へ逃げ込んでセブリを作っていた日本版ジプシーがいたから、そこへ加わって反体制、反権力で、三角寛が大和民族とは別個の人種なりと誤ったのも無理はない。

つまり、彼の考えている大和民族、きわめて従順で親方日の丸で、マッカーサー進駐時代にも一人のレジスタンスを出さぬ万国無比の奴隷国民というのは、原住民の女が否応なく慰安用にされ混血児を産み、その混血児の男は、〈野史辞典〉の「庭子」の項目にあるように生涯センズリで次々と種族が絶えていき、女の産んだ混血児の娘

だけが、また混血児を産んで殖えていった奴隷民族が大半を占めていたのだが、桂女みたいに御所専用の例すらもある。

それに比して、サンカは原住民どうしの男女が、あけくれマグワイをして子を作り、女は初潮さえあれば嫁にやってセブリ分けのユサブリとして人口を殖やしていった純血日本人。

日本人といっても、まったく別個の二種類がはっきりとでき、片や平民で満足してしまい、「オカミ」には絶対従順で戦後はアメリカさまさま。が、「一方は」明治初年までは山から山へとセブリを川べりに張っていたのが、四民平等を表向きの看板にする世になると、原始共産制で搾取しない彼らは、かつては自由にセブリの張れた荒野が次々と新興都市となるにつれ、育英資金となって子弟の学資に注ぎ込まれた。

私の父は東大法科の大正二年卒だが、「クラスの三分の一の優秀なのはツナガリから学資を、局留めの書留便で受けていた」と話していたのを聞いた覚えがある。

医師会のケンカ一郎という傑物も、幕末まで医師は賎業だったせいか、どうもその学資で卒業したのではないかとの風評も一部にはあるくらいで、隠密族（シノガラ）のツナガリ（ツナギ役）は絶対に何事も口外せぬ掟が昔からの掟ゆえ、すべて表向きにはされぬが学識有権者には多いようだ。

かつて帝国ホテルを常宿にしていた時、アメリカ籍の日系四世に声をかけられ、二階のフランス料理で食事を共にした時に、アメリカのフーズユウに私と並んでいるソニーからとびだした某氏もそうだと話していた。

彼ら三世四世は棄民として渡米させられた人々とは違い、ツナガリの金で渡米し、同族の女と一緒になっているので、国籍はアメリカでも純粋日本の血である。

サンカの研究は日本警保よりもアメリカのほうが進んでいたのか、その四世もCIAからパールハーバー前に潜水艦で渥美半島へ三十人ぐらいの仲間で上陸し、来日していたと言っていた。

今は伊良湖畔の灯台で観光地として知られている半島だが、［半島］全体に七福神の旗がひらめき同一信仰でかたまった土地ゆえ、領主は幕末まで一度もお国替えはされていない。渡辺華山が国禁にふれる海外書を書き自決したのも、ここは鎖国時代でも幕末にはアメリカの捕鯨船に薪水や野菜を求められれば、田原藩は黙認の形で船積を許していた土地柄。

が、礼にはウイスキーやビール瓶をギャマンとして貰っていたのが、ひそかに名古屋へ運ばれて各地のシノガラ族に連絡。

彼の言葉を借りると、

「フジワラ打倒のため、今こそ決起の時である」

と、CIAのお墨つきを日本語訳したのを各国一には手渡したという。

アメリカでは開戦前に日本の二分を企てた。

「純粋な日本人の血をもつ民族によって日本を建て直す」

というCIAの話に、国一も乗った。

つまりアメリカの日本人でも、棄民として送り込まれた連中はハワイでも第442部隊を編成してヨーロッパへ行き、半分以上も戦死して大いに奴隷国民らしい活躍をしてみせたが、シノガラのアメリカ本部の金で一流大学を出て日本語もよくマスターしたサンカ日本人は全く違う目的で、CIA利用か自発的にか日本へ潜入したのが相当に働いたようである。

彼はアメリカ国籍の四世なので、酒が入ると遠慮なく、彼もトケコミ、あれもトケコミと、日本では有名人として通っている人々の名をあげて教えてくれたが、ここでの発表は差し控える。

ただ、何故に私に声をかけたかというと、三つ子の魂百までというが、セブリ生活をしていた頃の歩き方がまだ残っていて、彼はそれを一目で見抜いてしまい、声をかけてきたと言っていた。

死をみること帰するがごとし

津島から三重にかけ、私のセブリ生活は続き、どうにか一人前となってきたので、もう少し大きくなったら、娘を探して別のユサブリを持たせるようになっていた矢先の事である。

私の生母が針屋町の天野病院へ入院し、危篤だとヨシが言ってきて、すぐ仕度をさせると、祖母の許へ、仕事に出かける際に連れて行った。

母のふさは流行性感冒から肺を冒されて、昔とはまるで別人みたいな青黒い小さな顔になっていて、私を見ても瞬きするきりだった。

「死に目に会えてよかったぎゃあ」

と祖母は言ったが、それから一週間だけで息を引きとった。

当時、覚王山で分譲していた土地を求め、祖母は強引に母の屍骸を土葬にし埋めてしまった。

母が再婚するのにコブ付きでは何かと持参金その他も入用だし、厄介なのでヨシに貰われていったのか、それとも養子にやられたのか不明だが、セブリへやられていたのだが、当人の母が亡くなってしまうと、内孫は私きりなので、祖母は手許におきたかったらしい。どうも応分の金がツナガリに渡され話がついたらしく、祖母から、

「もうヨシとは口をきくな」

と言われてしまった。

クズコの達しか、長年の仕事場の共同便所から下駄の歯入れ屋の席はなくなって消えた。

私はまた新愛知新聞の植字工のオッサンの許へ遊びにいき手伝っていたが、義務教育就学規則の法律で、否応なしに、朝日町を越した今は廃校の八重小学校へ行かねばならぬ事になった。

文字だけはスラスラどうにか読めたが、途中から編入みたいな恰好なので、東西南北のところは習っていない。だから未だに判らない。取り柄はマラソンといって、二千メートルぐらい走らされるのだけには、セブリじこみでいつも一着で褒められたが、野草ばかり食わされていたので、今でも自然食を見ると怖じ気をふるってしまうし、祖母の口から亨保年間と聞いているので二世紀半たつから、トケコミ三代はとっくに時効であるらしいが、それでもツナガリはあった。

その後アメリカの大空襲で旧名古屋市内は焼野原になってしまった。そのせいか名

古屋を離れた私の許へは、各地にいる筈のシノガラのツナガリもないのである。だから、私は従順な型か、または反体制か、そこのところが自分でも正直いって判らぬ。
京都府……近畿族（キナガラ）　福岡県……筑前族（ハカタガラ）
神奈川県……相模族（サガラ）　大阪府……摂津族（セツガラ）
広島県……安芸族（アキガラ）
ぐらいの事は、うろ覚えに記憶しているが、ツナガリが来てくれないので現況は今は判らない。
ただ、セブリは昔に比べれば都市開発のために河原を失って激減。今では東京はじめ各大都市にトケコミになってしまっているが、工事入札の談合金にしても、育英資金や相互扶助金に廻って皆が裕福になっているのが、中産階級を自称していた一般零落れつつあるのに比べると、みなオオモトがしっかりし、多額の入金があるので変わっていないくらいは想像がつく。
未だに行方不明の某大助教授や迷宮事件の指名手配の連中も隠れているのだろう。
かつての弾左衛門家が関東の金を一手に押さえて、牢獄奉行の石出帯刀の伝馬町大牢へ手代山田浅右エ門の組下を首斬りに出向させていたように、金座へも手代柳橋助六の組下が目付に行っていたが、三田村鳶魚の江戸随筆考証では、蔵前の札差も、みな弾家へ揃って金を借りに行っていたという。

が、昭和初期までは東京中の質屋は、質親とよぶ、花川戸にあった柳橋助六の子孫の許に纏まった金は借りに行ったものだと、質屋組合の理事長から聞いた事がある。しかし、弾家の金を手代が子々孫々にわたって巧く運用できるわけはなく、おそらくオオモトがツナガリの集めてきている全国のトケコミの金を、運用の一つとして質屋の資金に廻していたのが本当のところかもしれぬ。

本名かどうか判らぬが、トーマス・カダと名乗っていたアメリカ国籍の四世の話では、

「アメリカがなりふり構わずサウジや中東の石油を買い占め、ドルがどんどん下落した際、ジャポネは石油を買うどころか命令されて何千億円もの赤字国債を発行。ドルを買いささえた……その時スイスで逆に売り叩き、シノガラはスイスの銀行に前K総理よりも莫大な預金がある……」

と話していた事も思い出される。幕末まで箱根で分けて、東の通過は金本位で弾家、西は九州まで銀で京の蜷川が室町時代から押さえていた過去を考えると、大蔵省は日本銀行印刷局で紙幣を作ってはいるが、現実の金は誰が持っているかとなる。証券会社や銀行ではないらしい。

「末は博士か大臣か」といわれた明治初年からのシノガラの無政府主義的な全面的育英資金は、資本主義的人材に向かっているのではなかろうか。となると、実質的な日本の金は、既にセブリは都市開発によって河川は公害で消滅しているが、トケコミの中に匿しこまれているような気がしてならない。

となると、彼らは20世紀の終わりになっても、まだ打倒藤原政権といった伝統的なものをもつだけに、いったいどういう事になるか、何か大変な事になりそうな気もする。

この現代では、ほとんどの人が普段の生活の中で、サンカの存在を意識してはいないだろう。しかし、八切が記していたことが真実であるならば、太平洋戦争時にもサンカは打倒藤原の意思のもと、独自にアメリカに協力するといった行動を取り、実は現代社会の成り立ちにも大きく関わってきたということになる。

三角寛のサンカ研究と出雲

サンカの研究者としてもっとも有名であろう三角寛の著作でも、サンカと出雲の関わりは多く紹介されている。三角は大正十五年朝日新聞社に入社、東京北部の警察回りの記者となり説教強盗の報道で話題となる。その際に警察からサンカについての情報を耳にし、自身も直接サンカを訪ねて話をきくようになった。そこで仕入れた情報を発展させ、多くのサンカ小説を発表。そして、昭和三十七年学位論文『山窩社会の研究』で東洋大学から文学博士号を受ける。のちにその要約版『サンカの社会』は朝日新聞社から出版された。

しかし、三角のサンカ研究の内容については、他の多くの歴史家から虚構ではないかと疑問視されている。八切止夫も同様で、特に以下の内容についての指摘は、自身がサンカであった八切の視点からであり、やはり三角の研究発表には虚構が含まれているのではないかと思わされる。三角の『山窩奇談』には、サンカから聞き取った話として「火明命の裔孫と伝承されている田地火（タヂベ）の一族は、「赤土刺（ツチカミ）の断ち薦（ゴモ）」として、第十六代仁徳天皇の御世に、マムシ捕りの勅命を受けた。続いて第十七代履中天皇の御治世を経て、十八代反正天皇の御代には、蝮部（タヂヒベ）として一部族に認められ、姓（みやうじ）を勅許されている。」といった内容が記されている。

八切は「仁徳帝となると、これは百済系の方であって、サンカが敵対していたお方なのである」と説明している。富家口伝から考えても、サンカが天皇家に従っていたとは考えいくい。やはり、三角の研究内容は疑いを持って見るべきだと思う。しかし、三角がサンカから聞き取ったという情報はかなり膨大で、他の研究者の調査とも一致するところはあり、すべてが虚構という訳ではないと考える。疑いは持ちながら、参照するのは無駄ではないだろう。

三角が聞き取ったサンカ伝承の中から、出雲に関わる箇所を二つほど掻い摘んで紹介する。

①サンカは諸悪人を「クモ」や「ヤグモノガキ」と呼んだ。彼らの祖先も、穴居して乱暴を繰り返していた。その後、スサノオノ命一族によって平定されて、帰順した。その後に定められたサンカの中での憲法のようなものを「出雲八重書（イズモノヤ

エガキ)」という。彼らはそのことを「ヤクモ断ち」と呼んだ。ヤマタ大蛇も群居していたクモのことである。サンカは、婦女に暴行を加えることを「ツマゴメ」と言う。この「ツマゴメ」も昔から彼らは繰り返していた。それから、「ツレミ(連身)」という掟が出来て一夫多妻を禁じた。それが、一夫一婦(つれみ)の制度であるである。サンカはこのことを「ヤクモ断滅(たち)」と呼んでいる。三角は「出雲八重書」は十二条から成り立っていることまで突き止めたが、内容のすべては教わることはできなかったという。

②三角が東京で、全国の最高総裁の家系である文立丹波(アヤタチタンバ)から聞き取った話では、文立丹波はスサノオノ命がクシイナダヒメと結婚する以前に、スサノオに帰順した出雲族の末裔であるという。クシイナダヒメの両親、アシナツチ、テナツチは出雲族の族長の家系であった。アシナツチ、テナツチは、スサノオノ命が出雲を出立するとき、自分の宮殿の長人(おびと)になれと命じられたという。

富家の口伝では、スサノオは朝鮮からの侵略者で、出雲族ではないという。しかし出雲族とスサノオ族は姻戚を結んだともいう。富家、あるいは財筋の間ではスサノオは出雲族と認めていないが、スサノオ族と合流した一部の出雲族の人々は、出雲族と認めているという可能性がある。その人々がサンカへ繋がっているのではないだろうか。吉田大洋『竜神よ、我に来たれ！』では、スサノオは出雲神族の仇敵だったが、アマテラスの弟のスサノオを利用しようとした関東で武蔵国造になった一族が、出雲神道への圧力をかわすために、大宮の氷川神社を建て、祭神にスサノオ、クシナダ姫、オオクニヌシを持ってきたと説明されている。この箇所は出典不明だが、富家の口伝をもとに、吉田大洋が分析したものと思われる。ここでは利用したとあるが、出雲族内でもスサノオについては意見が分かれているのかもしれない。

サンカ出身の武将、為政者たち

日本史の有名人の中にはサンカの出身ではないかと伝えられる人物が多く存在する。しかし、たとえば豊臣秀吉と徳川家康など、サンカ出身といわれる人物同士が衝突していることもある。これは一体どういうことだろう？

八切止夫によれば、北条政子は「サンカ人の女上位での女神」であったという。八切止夫は北条政子についてこのように記している。

被征服者が七世紀からの権力者を抑えて、日本原住民の勝利を勝ち取ったのは、なんといっても北条政子が初めてであったといえる。今でこそ「ヒミコが天照大神ではなかったか？」などと親大陸政権の彼女（ヒミコ）と、そうでなく滅ぼされ封じ込められた大神を、同一視するような無知なことを歴史家までが、平気で書いたりする。しかし江戸期にあっては、まだ、「天照大神北条政子説」が広く流布されて、伴信友の著作すらあったのである。かいつまんで内容を判りやすく説明すると、承久三年三月のある夜。北条政子の夢枕に大きな波だつ由比が浜の海が浮かび出て、その水中から真紅の火柱がたち、やがて重々しい声音で、「われこそ三種の神器とされる銅鏡なり」と七メートルはあろうかと思われる大鏡が、二つに割れた火柱の間から忽然として出現。そしてやがて銅鏡はやがて重々しくのたまい給うは、「われこそいぜ大神宮に封じ込めにあっている天照大神なるが、太一などと称する中国道教をたて祭祀一式みな唐様（からよう）である。汝わが化身となって京を討ち、もって複仇なすべし」と神宣を下されたというのである。そこですぐさま政子は、奉幣使を伊勢へ立て、「神慮にかなうよう、すぐ挙兵して京を討ちまする」と申告した、諸将が躊躇すると、「われは天照大神の蘇り、長きにわたって封じ込めの身を今や自由にならんとする」、と政子が立ち上がって叱咤激励、十九万の軍勢が京都に殺到した。（『阿魔将軍北条政子』）

伴信友の著作にある記述が歴史的真実をそのまま伝えているかどうかはわからないが、伊勢神宮の祭祀を中国道教式へ変えてしまった勢力が京に住み、それを遺憾に思う人々が鎌倉武士団の中に存在したことを記していると見ることができる。

民俗学者の吉野裕子も、天武期に起きた伊勢神宮の祭祀の変化について記している。著書『神々の誕生』（岩波書店）、『隠された神々』（講談社現代新書）の中で、伊勢信仰には陰陽五行説、特に太一信仰が大きく関係し、内宮は太一（＝北極星を神格化した天帝）、外宮は北斗七星を祀っていると説明した。また、天皇とその信仰について「古代の日本人の死生観は、人間は本来蛇であって、その生誕は蛇から人への変身であり、死は人から蛇への変身である。つまり祖霊蛇の領する他界から来て、他界に帰するということである。よって天皇家の祖霊が蛇であることは当然であり、古代において世界各国の神話でも見られるように、太陽と蛇は密接に関連するので、太陽神が蛇神であることはきわめて自然に納得される。天照大神は、この祖霊としての伊勢大神を祀り、この蛇神と交わるべき最高の女性蛇巫であった。しかし時代がたつと、皇室の祖が蛇であってはならなくなり、最高女性蛇巫はその対象であった伊勢大神に自己を昇格させて、天照大神になった」と説明している。古代日本人の蛇信仰については、富當雄の「出雲神族は竜蛇族である」という言葉とも一致する。

しかし、北条政子がサンカであったとすれば北条氏はサンカ系であったと考えられるが、同じくサンカ出身とされる豊臣秀吉は小田原攻めで北条氏を降伏させた（小田原の後北条氏は執権北条氏とは遠縁であっても、縁は薄いからとも考えられるが）。

八切止夫は、豊臣秀吉と徳川家康についてこのように記している。

福島正則がササラ衆の箕作りや竹のタガを編んでいたのは「宿六列伝」にも詳しく書いたが、清正も他の本に書いてある。彼が長い兜をかぶっていたのは、サンカは夫婦で一セブリとなって分離しているが、何か集会があって多く集まるようになった時には、全体の長にあたる者が、「八方めぐり」と呼ぶ、地面に突き刺す自在鉤を外側から竹で編んだ筒で包み、頭上に乗せ、遠くからでも識別するためで、五セブリを一天人とよぶ団体が、それを中心に拡がる風習がある。

　現在加藤清正公愛用の長兜といって、藤の編んだのに黒塗りしたのが遺品として残っているが、好事家の後年の作り物で、本物は弓なりに曲げた四本の青竹を籠のような物でかぶせ、軽くて長かったものであったらしい。と、それに九州へ行くと同和地帯で「豊臣松園」といったように、豊臣を上につけた地区が多いのも、九州ではサンカを特に嫌っていたせいであろう。

　また、これから「秀頼薩摩落ち」の講釈が大坂以西では大正から昭和初期まで流行した。〈天の古代史研究〉で「世良田事件」の項目に詳述しておいたが、上州世良田庄徳川が、幕末までは神君発祥の地というので畏敬され、近郷八十ヶ村より納米させ、部落の頭目の岩佐満次郎がやがて新田男爵になったのに、徳川公爵家では華族会長様の出身が同和地区では困ると、明治三十年刊にして青山の青山堂より「家康は松平元康の改名が正しい」とする「松平記」を刊行配布。東大をはじめ各大学の教授で組織されていた学士院会は、直ちにこれを確定史料と認定した。

　そこで近郷の村々では学士様や文学博士が「世良田と徳川家は無関係と」いうのに、これまでよくも村々より飯米をとりあげくさった、と世良田の庄を取り巻いた。新田男爵はロンドンへ留学という恰好で家族もろとも不在だったが、世良田に残っていた三十四名のところへ近村の三千人が石を投げつけ、鍬や鋤をもって押しかけた。そこで近在の鬼石などの部落へ応援を求め一致団結して戦った。

これが後の水平社運動の始まりだが、村岡素一郎の「史疑徳川家康」によれば、秀吉がサンカなら、世良田二郎三郎、後の家康とても、出自はどっちもどっちでかわりはない事になる。

〈天の古代民族の研究〉に出てくるような、きわめて温順な奴隷にされてしまった一般庶民は、「親方日の丸」というか、自民党に投票をすればどうなるか判っていても、今のオカミが自民党なら揃って投票場へ行き勝たせてしまう。

サンカなれば秀吉は京を押さえ天下をとり、家康も徳川十五代の祖になれたのだろう。つまり純血の強みがこういうところに出てくるらしい。

斎木雲州氏も『出雲と蘇我王国』の中でサンカについて触れている。やはり斎木氏も富當雄と同様に、サンカについては旧出雲王家（三世紀に滅亡した出雲王家）の「秘密の情報機関」としている。また文脈上、同じ組織を指していると思われる「散自出雲」という名称も登場する。出雲兵は関東南部の農民となり開拓し、開拓を指揮していた旧出雲王家の御子たちは、国造に指名され、南関東は当時「第二の出雲王国」と言われていたという。

「散自出雲」のはじまりについては、以下のように記されている。


関東を開拓した出雲兵の中には、遅くなって故郷にかえった人がいた。しかし、故郷には自分の土地が残されていなかった。

それで再び各国に、移住した人が多くいた。かれらはイズモから分かれたから、自分たちを「散自出雲」と呼んで結束し、連絡し合っていた。

向王家はその後、オウ群八雲村に熊野大社を建てた。「クマ」とは神に供えるための米の古語で、それを栽培した野が、クマノだと言われる。イズモの熊野大社の祭りに、各国の旧出雲人が参列した。彼等が各地の出来事を、向家に報告した。

王国時代にも報告者組織があった。それが再び復活したことになる。それが「散自出雲」という秘密情報組織になり、日本の大事件の裏表を探る仕事を行った。

その結果、向家に日本史の真実の情報が集まったので、出雲の地元では、向家を「日本史の家」と呼んだ。


また、斎木氏は同書の中で、戦国時代の頃の「散自出雲」の動きについても触れている。以下に概要をまとめる。

近江源氏の京極氏の一族で出雲守護代を務めた尼子氏は、富家の血を引いていた。尼子大名家は、北は津軽から南は薩摩までの情報網を持っていた「散自出雲」を利用して「十一州の主」と言われるほど強力な大名となった。しかし、富家の血を引く桓武天皇が姓を与えた大枝朝臣（出雲族の野見宿禰を祖とする）の末裔の毛利元就は、次第に勢力を強めた。そして出雲国内の諸勢力に土地を与え、少しづつ味方に引き入れ「散自出雲」を保護した。そして毛利氏と尼子氏は何度も対決を繰り返し、また毛利氏は織田信長と対抗することになった。そののちに毛利軍は織田信長に加担した尼子勝久を責め、自刃させた。

そのころ本能寺の変が起こり、秀吉が新しく日本の覇者となった。この激変に対して、諸大名の動きを知る必要に迫られた毛利輝元は、富家に情勢の調査を頼んだ。富家は「散自出雲」の中から踊りの巧い女を集めて、神楽団を組織した。その中心が出雲阿国（おくに）だった。

出雲阿国たちは京都へ出かけ、神楽より普遍性のある地方の踊りを上演し、都で人気を得た。出雲阿国たち歌舞伎団は、諸大名が徳川側に付くか、毛利側へ付くかを探る秘密の活動を行った。

こうして戦国大名とサンカの関わりをまとめて眺めてみると、サンカ出身の大名、あるいはサンカが協力した大名同士も幾度も衝突している。サンカの人々の中には、出雲族以外の民族（契丹系、源氏、平氏）も入り込んでいたこともあり、サンカの中でも意見の食い違いや派閥があったのではないだろうか？　しかし、サンカの人々は、その時々の情勢を分析し、巧みに時流に乗り、生き長らえ、力を蓄えているようにも見える。多少の分裂はあれど、そのスタンスは常に「反藤原」からはぶれていないのかもしれない。

藤原氏は帰化人か？

出雲族、契丹系、源氏、平氏などが連合体（菊池山哉や八切止夫のいう「天の朝」の人々）となって抵抗する勢力である藤原氏。藤原氏嫡流で公家の家格の頂点に立った五摂家（近衛家・九条家・二条家・一条家・鷹司家）を中心に、近代でも上流階級に君臨し続けている一族である。名前を挙げれば、三度にわたって内閣総理大臣を務めた近衛文麿、伊勢神宮大宮司の鷹司尚武、明治天皇の后であった昭憲皇太后（一条美子）、大正天皇の后であった貞明皇后（九条節子）…、これでもその一部である。

富當雄は「藤原氏は帰化人だ、とわが家の伝承にある。彼らは氏素性を高めるために、どうしても天つ神の系譜が欲しかったのだろう。そこで、最初は天コヤネノ命を祖神だとし、次にタケミカヅチをかつぎ出したのだ」と語った。（『謎の出雲帝国』）

また、竹内睦泰氏は、記紀は、藤原不比等が自分たちや大和族に都合のいいように書かせたものと見ている。

それでは、藤原氏はどこの国から帰化したのかということが気になってくる。この件については、非常に多くの説がある。これを確かめるには「大化の改新」に関わった人物について、記紀のみならずこの時期の海外の文献の記録と併せて、厳格に分析をする必要があるかと思う。しかし、日本史と照合すべき朝鮮史も、新羅と高麗で二度にわたって焚書があり、この作業は困難を極めると予想される。しかし、本書では幾人かの先達の分析を照合し、可能な限りその実像に迫ってみる。

藤原の藤は唐を意味するという八切止夫は、桃太郎の話に隠された意味があると、幼少期に祖母から聞いた話を記している。

「中ツ国」と呼ばれるのは今の中国地方の岡山。隋を滅ぼした中国の唐が白村江、朝鮮半島で日本よりの派遣軍を大敗させて九州からの進駐。そして「唐」を「藤」と替字してからは、滅ぼした隋の人間には「桃」の字をばあてて区別していたと、〈野史辞典〉に書くまでは、桃（藤）から生れた桃太郎は凛々しい貴公子で、当時の事ゆえコウリャン団子だったのを、新羅系のサル、高麗のイヌ、百済系の戦士のキージーに食糧を給して、隠忍とよばれていた原住民討伐に行き、彼らが耕していた穀物や干魚や荒塩を宝物として掠奪してきただけの話だと納得できるようになったのは、私としては祖母の亡くなる後年の話だった。当時は、（まさか幼時から一般庶民の洗脳教育に、そんな童話の絵本が広まっている）とは知る筈もないから、祖母は臍曲がりだと思っていた。（『サンカ生活体験記』）

つまり唐が、新羅、高麗、百済を従えて日本の原住民を討伐し、略奪したという意味が隠されていると、サンカの間では伝えられているということだ。

朝鮮史と日本書紀の奇妙な対応

かつて八切止夫と共に「唐の進駐」を『歴史と現代』誌上で取り上げたという、古代史研究家の鹿島昇の分析も紹介する。

「大化の改新」のきっかけとなった入鹿殺しが、実は倭国（日本）ではなく、朝鮮で起こった事件であるということは驚くべきことである。してみると、六四六年（大化二年）のいわゆる「大化の改新の詔」にしても、この内容がのちの「大宝令」を参考にして創作されたことは明らかであるが、全く架空のものではなく、そこに新羅史というモデルがあった。何故ならば、『新羅本記』真徳二年（六四九年）の条に「はじめて中国の衣冠を用いることにした」とあって、このとき中国式の階級制度をとり入れたらしいからだ。

すなわち、「大化改新」の実態は、新羅の「政治改革」であった。

このような朝鮮半島史と「書記」の一致は入鹿殺しにとどまらず、大和国家の歴史書とされてきた「日本書紀」の主要部分は、朝鮮史の手の込んだ翻案にすぎない。

白村江以前、いくつかの小国家が九州と南朝鮮の両方に領土を持っていた。したがって、その頃の、朝鮮半島南部の歴史と九州の歴史とは不可分のものであった。中国史は、それらの国々を弁辰諸国と書いたり、倭国と書いたりしていたのだ。（『歴史捏造の歴史』）

また、八切止夫は藤原氏の祖である藤原（中臣）鎌足とは郭務悰（かくむそう）のことであったとしている。

郭務悰については『世界大百科事典 第二版』ではこのように解説されている。

七世紀の唐の官人。生没年不詳。朝散大夫、上柱国。六六三年の白村江の戦の後、翌年旧百済領占領軍の鎮将劉仁願の命により百済人禰軍らとともに戦後処理の交渉のため来日、表函と献物を進める。朝廷は郭務悰を鎮将の私使と認めて大宰府で交渉させ、入京を許さなかった。翌年劉徳高とともに表函を携えて再び来日し、このときは入京を許された。六六九年にも来日したという。六七一年百済人沙宅孫登らとともに総勢二〇〇〇人で来日。六七二年天智天皇の死後、甲冑・弓矢、絁・布・綿を与えられて帰還した。

「大化の改新」に関わった人物たちについての、鹿島昇の説をごく簡潔に要約する。鹿島は、記紀と『続日本紀』『海外国記』(『善隣国宝記』の所収)『三国史記』などを総合して分析している。

■藤原(中臣)鎌足

郭務悰(『善隣国宝記』には唐務悰という表記もある)と金庾信を合成した人物。「白村江の戦い」で、日本と百済の連合軍は、唐と新羅の連合軍に敗れた。金庾信は、敗れた日本の太宰府に進駐した唐と新羅の占領軍の、新羅花郎長官であり、太大角干(大元帥)。また、郭務悰は唐に起用された百済人であった。この二人の履歴をつないで藤原(中臣)鎌足とした。郭務悰は、はじめ唐の官人として倭国に派遣されたが、六七二年に新羅に捕えられ、二年間慶州に抑留された。その後、新羅の鎮将へと変化した郭務悰は、先に進駐していた金庾信の後任として倭国へ派遣された。

■天智天皇

百済最後の王である義慈王の王子、豊璋。『日本書紀』にも登場する百済の王族翹岐《ぎょうぎ》を豊璋と同一人物とする説もある。『日本書紀』での表記は扶余豊璋もしくは徐豊璋であるが、『三国史記』では余豊璋もしくは徐豊璋、『旧唐書』では余豊もしくは徐豊である。

■天武天皇
新羅の文武王。新羅の第三十代の王。姓は金、諱は法敏。

■皇極天皇
新羅の善徳女王。新羅の第二十七代の王。新羅初の女王。姓は金、諱は徳曼。

■中大兄皇子
新羅の武列王。新羅の第二十九代の王。姓は金、諱は春秋。

先の章で、天智天皇と天武天皇は兄弟ではないという分析があることは述べたが、鹿島説でもやはり兄弟ではないということになっている。

しかし、生年も不明であり、謎が多い天武天皇については、出自について様々な分析がある。天武四歳年上説を打ち出した作家の佐々克明は、新羅の王族である金多遂（人質として、のちの金春秋とともに在日）とした。

一方、天武三歳年上説を出した古代史研究者の小林惠子氏は、帰化人（魏の文帝の末裔を称する）の管人・学者の高向玄理《たかむこのくろまろ》の子とした。

やはり、その出自は完全に解明されたとは言い難い現状のようだ。しかし、天武系は新羅との関わりが深いという見方の研究者が多い。

また、鹿島は大正二年出版の福田芳之助の『新羅史』にある、金庾信と藤原鎌足のエピソードの類似の指摘を紹介している。

『新羅史』では、金庾信が王孫の金春秋と接近するために、庾信の家の前で蹴鞠の戯をして、わざと春秋と春秋の裙（もすそ）を踏んで襟ひもを裂き、自分の家に招じ入れて妹にそれを縫わせた。それが縁で春秋と庾信の妹が結婚するのです。福田氏はこれが中大兄皇子が法隆寺で蹴鞠をしたとき、鎌足が皇子の履き物が飛んだのを拾ってコンタクトしたという『書記』の説話だと主張した。また、善徳の死後、実力者の金春秋が自ら即位せず、真徳女王を擁立したことは、皇極のあと、中大兄が斉明をたてたことのモデルだとしています。また、金庾信が死んだとき、文武王が下した詔が、鎌足の死後、天智が下した詔のモデルになっているともいうわけです。

この蹴鞠の説話には、庾信の二人の妹たちが夢を売り買いするなど、のちの北条政子の説話のルーツらしい物語もあって、『三国遺事』の大宗春秋公の条にあります。「毗曇の乱」は『三国史記』の善徳女王の条にあります。これらを総合すると『日本書紀』の説話通りになるのです。（『日本列島史抹殺の謎』）

似た内容があるというだけでは、借史（別の国の歴史を自国の歴史ということにしてしまうこと）であったという証明にはならないが、注目すべき指摘ではあると思う。

一方、韓国の言語学者、姜吉云氏は、天智天皇について、鹿島説と同じく百済系としながらも、豊璋の弟の翹岐＝夫余勇であるとしている。その説明を以下に引用する。

『旧唐書』の「劉仁軌伝」に、

「陛下若欲殲滅高麗　不可棄百済土地　余豊在北　余勇在南　百済高麗旧相党援　倭

人雖遠亦相影響　……夫余勇者夫余隆之弟也　是時走在倭国　以為夫余豊之應」

（＝陛下〈唐高宗を指す〉！　もし高句麗を殲滅したいならば百済の土地を放棄してはいけません。北余豊〈百済義慈王の豊璋皇子〉は北〈百済の地を指す〉にあり、夫余勇〈豊璋王子の弟〉は南〈日本の本土を指す〉におります。百済と高句麗は昔は互いに仲間として助け合い、倭人〈日本を含めた伽耶族全般を指す〉は遠いながらも互いに影響を与えています。……夫余勇は夫余隆〈義慈王の長男〉の弟で、このたび逃げて倭国にいって夫余豊に答えています。〈＝百済復興運動を助けた〉）

としているから、夫余豊すなわち百済豊王は百済の地で戦い、夫余勇は倭国で百済を援助していたことがわかると同時に、夫余隆の弟であることが明確である。

そして、中大兄皇子（勇王子）は皇極・孝徳・斉明天皇の三代（六四二～六六一年）にわたって東宮としてあるいは摂政として活躍し、次いで天智天皇になってからも百済が滅びた六六〇年以後の百済復興戦が続くときまで積極的に百済を援助した。彼が『旧唐書』の夫余勇であることがよくわかる。（『倭国の正体』）

天武天皇に味方したヒボコ族と出雲族

また「大化の改新」を分析するうえで、踏まえておかなければいけないのはアメノヒボコの一族についてである。アメノヒボコは『日本書紀』では「天日槍」、『古事記』では「天之日矛」と表記されている。『日本書紀』では、垂仁天皇三年三月条において新羅王子の天日槍が渡来したと記されている。しかし斎木雲州氏の『出雲と蘇我王国』では、ヒボコを先祖に持つ但馬国のあった豊岡市の出石神社の社家「神床家」に伝わる伝承の中で、ヒボコは辰韓から渡来したと伝えられているという。ヒボコの渡来は三世紀というのは『日本書紀』の誤記であり、本当は一世紀だった。新羅は辰韓から分かれた国だった。神床家の伝承では、ヒボコは辰韓王の長男だったが、王は後継争いを避けるために、ヒボコに家来をつけて、財宝を持たせ、送り出された。それは、次男を後継にするためであり、ヒボコは父親を恨んで反抗的な性格になったという。

やがて但馬で豪族の娘と結婚したヒボコは、その後、近江から大和へ進出し、当地の新羅系と結んで一大勢力となった。神床家の伝承に「ヒボコ軍とこれに加担した伊予国（愛媛県）湯津の百済系渡来人八〇〇〇の兵が、出雲の軍勢と戦った」とあるという（『謎の出雲帝国』）。

このヒボコ族が、のちに同じく新羅系の天武天皇の味方についたのであった。富家の伝承によれば、ヒボコ族は、物部氏と共に出雲族の領地を侵略し、出雲とは敵対していたが、のちの「磐井の反乱」では磐井方につき、出雲と共闘した。「壬申の乱」では天武側に多氏系の部将が二人ついていたが、多氏は、神武天皇とコトシロヌシの娘ヒメタタライズズ姫の子であるカムヤイミミノ命を祖とする。出雲族とは親戚関係にあり、そうしたことから出雲族が天武加担を依頼したという。出雲系と新羅系は、天智系（百済系、藤原氏）という共通の敵を持ち、連携していたのだった。

上総に残る鎌足の生誕伝承と、鎌足の出自

ここまでは鎌足を渡来人、あるいは複数人のモデルを合成した存在としている説を紹介してきたが、斎木雲州氏は『古事記の編集室』の中でまったく別の説を記している。以下に引用する。

鎌足は中臣御食子（みけこ）の養子になったが、中臣家の血を受けている訳ではない。中央で知られている系図は、かなりあいまいなものだ。

かれの生誕地であるカズサ（上総）に母の系図では、かれの先祖は出雲王の子孫・ヤイミミ（八井耳）ノミコトだとされている。

また鹿島（ヒタチ国）に住んでいた父の先祖もヤイミミノミコトだという。（拙著『万葉歌の天才』参照）

中臣家の先祖はコヤネ（小屋根）ノミコトで、辰韓からの渡来人だと考えられている。

中臣家は宮中祭祀の家柄なので、天皇家に近づくために、鎌足は中臣家の婿となり、中臣家を協力者として利用したと考えられている。

ヤイミミノミコトは、記紀等では神八井耳命《かんやいみみのみこと》という名で記されている。この斎木氏の説の出典は不明だが、おそらく富家の伝承や各地の古老たちの話を参考に、斎木氏が独自に考察をまとめたものと思われる。また、平安時代後期の歴史物語『大鏡』では、鎌足の生誕地は常陸国鹿島郡下生《しものう》（現・茨城県鹿嶋市）としている。斎木氏が鎌足の父が住んでいたとする鹿島のほうが生誕地だとしているが、上総と鹿島はすぐ側である。

鹿嶋市には鎌足神社という、鎌足生誕の地とされる場所がある。江戸時代から明治にかけてまとめられた『新編常陸国誌』の鹿島郡・宮中の頃に、鹿嶋が鎌足の生誕地であるという説が紹介されており、この地域が江戸時代から鎌足ゆかりの地とされていることがうかがえる。また、上総には鎌足が幼少の頃に滝に打たれて遊んでいたことが由来となっている「鎌滝」という場所がある。また、上総の高倉観音には、この地の有力者であった猪野長官の娘が観音に良縁を願い、その後結婚して生まれた子供が鎌足だったという伝承が残っているという（高倉観音のホームページより）。

神八井耳命は『日本書紀』によれば神武天皇と、媛蹈鞴五十鈴媛命《ヒメタタライスズヒメノミコト》との間に生まれた皇子である。先に記したように、ヒメタタライスズ姫の父とされる存在は諸説あれど、いずれも出雲系である。斎木氏の説明のように、鎌足の両親が神八井耳命の末裔であれば、出雲王の末裔というのは違いないが、同時に天孫族の末裔でもあるということになる。そして鎌足が養子にとなった中臣家の天児屋命が辰韓系であったとすれば、鎌足は様々な氏族と縁のある存在であった。

藤原不比等による一族のための策略

また、鎌足の子、不比等が記紀の編纂に携わることとなったきっかけについて、斎木雲州氏は『古事記の編集室』の中で以下のように記している。

和国が東洋の一流国と見なされるためには、国史を持つことが重要だと、不比等の息子・定恵が遣唐使で外国事情を学んだあと、父に話した。

それで国史製作の必要性を、不比等は女帝に提案した。女帝は賛成したけれども、国史の中に前王朝を倒す権力闘争を書くことに反対した。

真実の歴史を書くには、王朝の交替とその因果関係を書く必要がある。それで、不比等も迷った。しかし女帝の意思が固いので、不比等は正確な歴史の作成を断念した。

そして万世一系方式を、不比等は提案した。すなわち王朝の交替だけを誤魔化す方式だった。

前王朝打倒者を前王朝の血統者に書き換え、各王朝を連続して一王朝とする官史を書くことで、両者の意見は一致した。

韓国の檀君伝説を真似て、最初の王朝の始祖を神に祭り上げて、天孫降臨の話を作ることが決められた。

ここにある女帝とは持統天皇のことである。この説明が真実であったとすれば、記紀は韓国の檀君伝説をモデルとした側面があるということになる。記紀の中にある、到底真実とは思えない神話的な側面は、このような背景があって生まれたことになる。

この斎木氏の説明をもとに、一つ仮説を記してみる。鹿島昇が、鎌足は郭務悰と金庾信を合成した人物であるとしていたり、姜吉云氏が天智天皇は豊璋の弟の翹岐であるとしていることの背景に、この不比等による檀君伝説をモデルとした国史製作が関係しているのではないだろうか。当時の倭国にはすでに多くの朝鮮系の渡来人が住んでいた。朝廷の中でも要職に就いていた朝鮮系渡来人も多かった。不比等は、定恵や渡来人たちから大陸の情報も多く得ていたはずである。国力を高め、大陸側の大国からの侵略に備える必要性を強く感じていたと思われる。そのためには、できる限り国内で多くの人民を味方につける必要がある。そのため、百済系や新羅系など渡来人に配慮し、国史の中に朝鮮史を組み込んだのではないだろうか。『新羅史』の中に、中大兄皇子が法隆寺で蹴鞠をしたとき、鎌足が皇子の履き物が飛んだのを拾ってコンタクトしたエピソードとよく似た話があったり、皇極のあと中大兄が斉明をたてたことのモデルとなったと見られる話があるのは、国史の中に朝鮮史を組み込んだがゆえのことと思われる。不比等は、父・鎌足を朝鮮史の中での要人と重ねて国史に記すことで、藤原氏の地位を高めようとしたのではないだろうか。それで、鎌足が渡来人と疑われる形となった。しかし、鎌足の出生についての説話が上総に残っているということは、やはり鎌足が郭務悰と金庾信などではなく、倭国で生まれたということであろう。

藤原氏による出雲への崇敬

山口県山口市の出雲神社は、創建は元正天皇の霊亀元年（七一五）と伝えられ、聖武天皇の天平九年（七三七）に周防国二宮として勅許を受けた。この神社の由緒沿革には「本社は、周防国二宮としてその起源は古く、現在その詳細を窺うことは困難であるが、鎮座は奈良時代の霊亀元年（七一五）と伝えられる。社伝・古文書及び神祇関係の古典等によると、氏神祭祀の原則にしたがい、大古出雲族の当佐波川流域への膨張発展に伴い、その祖神を鎮斎したものと考察される。奈良時代の天平九年（七三七）には、周防国二の宮として勅許を受ける。『周防国正税帳』（東大寺文書）によると、当社へ春秋祭祀料は二拾束、雑用料及び神戸神田社領を奉納する等の記述がみえる。また、平安時代の延長五年（九二七）、『延喜式神名帳』には周防国内十座の内に出雲神社二座が記載されている。従って、延書式内社として、朝廷を始め摂政藤原氏等に厚く崇敬されていたことがわかる。」とある。

この出雲神社に対する藤原氏の崇敬は、鎌足の出雲との繋がりゆえのことかもしれない。

また、中臣氏・藤原氏の氏神を祀る春日大社の境内には、大国主と須勢理姫を祀る出雲系の夫婦大國社も存在する。ここもまた、藤原氏と出雲の繋がりを示している。

恨みを買う政治を進める藤原氏

歴史作家の関裕二氏は『日本を不幸にした藤原一族の謎』『藤原氏の正体』などの著作で、藤原氏の進めたその非道な政治の分析を記している。

藤原氏は皇族間の権力闘争を煽り、政敵を陰謀によって誅殺し、即位した天皇に女人を送り込み、「藤原腹」の皇子を生ませるのである。

犠牲となったのは古人大兄皇子、大津皇子や長屋王、安積親王、井上内親王、他戸親王などなど、数え上げたらきりがない。しかも、その手口が陰惨だった。長屋王にいたっては、罪のない子供たちも、道連れにせざるを得ない状況に追い込まれている。

もちろん、長屋王本人も、無実の罪で断罪されていた。朝廷に「長屋王謀反!!」と密告していた人間が、後日「あれはウソだった」と証言していた様子が、正史『続日本記』に、記されている。すべて、「藤原」の仕組んだ狂言である。

　こんな有り様だから、「藤原」は、平安時代絶対的な権力を掌握するが、尊敬され、好かれていたかというと、首をかしげざるを得ない。（『日本を不幸にした藤原一族の謎』）

　また関氏は、律令制度を確立する立役者として英雄視されてきた藤原氏だが、実は律令の準備を進めていたのは蘇我氏であり、鎌足による蘇我潰しは「改革潰し」であり、改革事業の「手柄を横取り」したと説明している。

　孝徳天皇は蘇我氏の改革事業を継承していた。前期難波宮から発掘された木簡は律令の「税」の一種の「贄」につける札に似ており、難波に宮を移した孝徳天皇の時代に、すでに律令制度の基礎が築きはじめられていたのだという。

　そして、藤原不比等の活躍によって大宝律令が編纂され、律令の基礎は完成したとされる。そして、その功績により、文武天皇より広大な土地を賜り、しかもその土地の一部（二千戸、大和国のほぼ半分の広さ）は永久使用を認められた。「永遠に土地を私有して良い」という話は、律令の原則からかけはなれている。関氏は、藤原氏が律令制度の整備に積極的だったのは、律令によって大豪族が丸裸になり、その手放した土地を横取りするためだったと分析している。

藤原氏は確かに非道とも思えるような手段で権力を手中に収めた。しかし、それは権力欲によるところはあったかもしれないが、独裁体制とも評されるほど大きな権力を持つことで、自分たち手で政治を完全に支配し、大陸からの侵略に対して盤石の備えを整えようとしていたのかもしれない。しかし、それを良く思わない人々が居たことは容易に想像できよう。

荒吐族の成立と出雲との関係

藤原氏が権勢を振るう朝廷からの支配を拒んだ蝦夷《エミシ》。『東日流外三郡誌』では、蝦夷が住んでいた東北地方は荒吐《アラハバキ》族が治めていたとする。『東日流外三郡誌』に関する研究書を多数発表した歴史評論家の佐治芳彦氏は、荒吐族の成立について、以下のように説明している。

津軽に逃れたアビ・ナガスネヒコ一族は、やがて先住のアソベ、ツボケ族、それと大陸からの漂着部族と連合し「荒吐（アラハバキ）族」と称した。荒吐族は奥州を五カ国に分け、各国に治領主をおき、かつての邪馬台国連合の奥州版である「荒吐五王の制」をしいた。その連帯の規約が「荒吐五王の掟」である。

この掟で結ばれた荒吐諸国は、その国の指導者を「国王」ではなく「国主」とよんだことに注目したい（ただし対外的には国王と称することがあったようである）。そして、各国の行政職は選挙制だった。五国（というよりも五地域）は相互防衛・相互開発・相互扶助関係にあった。国主は社会保障に熱意を持ち、政治的リーダーであるとともに「導師」でもあった。ここに原始民主制を見いだすことができるかもしれない。

（『超新論 古史古伝』）

また「荒吐神」「蝦夷」と「荒吐族」との関係関係については以下のように分析している。

谷川健一氏によれば「荒吐神」はあったが「荒吐族」は存在しなかったという。とすれば「外三郡誌」の古代を彩る荒吐一族の物語はすべて偽史ということになる。たしかに「正史」とかぎらず、この「外三郡誌」をのぞけばこのような名称は出てこない。したがって谷川氏の指摘も誤りとはいえない。だが、荒吐信仰をもった東北日本の部族を「蝦夷」という別称をさけ「荒吐族」ないし「荒吐一族」と呼称した「外三郡誌」の編者の意図を理解する人々もいるはずである。日高見を構成した人々こそ荒吐一族と重なると私は考えている。ちなみに「外三郡誌」によれば、国の「まほろば」と自称したヤマトにたいして、自分たちの国を「日高見」と呼んだ。それは近世国学の先達であり本居宣長の師である賀茂真淵によれば「天（あま）つ日の空に真秀（まほ）に高くある国」の意であった。

のち、彼らはその国を「日の本（日本）」と呼んだ。つまり、日本列島には「二つの国」があった。東の日高見（のち日の本）と西のヤマトであり、この東と西の朝鮮との応戦が日本列島史のダイナミズムとなった。（『超新論 古史古伝』）

アラハバキという名称については、富當雄が興味深い話を遺してている。

我々の大祖先はクナトの大首長（おおかみ・岐神）だが、もう一つ隠された女首長にアラハバキ（荒吐神）があり、体制側によってこれらが抹殺されようとしたとき、クナトは地蔵に、アラハバキは弁才天へと変身した。(『謎の弁才天女』)

また、同書には、倶知安のアイヌの酋長菊池俊一夫妻の言葉として「アイヌの古語でクナトは男根、アラハバキは女陰の意味で、本来一対のものだった」と記されている。

斎木雲州氏が、出雲の富王家の血を引く長脛彦が、饒速日に殺されてはおらず、北陸へ逃げていたと伝えていることは先に記した。東北から出雲の地に西下してきた出雲族の信仰には、アラハバキ信仰があったと考えられる。荒吐族には、大陸からの漂着部族も合流していたことから、同じ信仰を持っていても、出雲族は完全に同族とは見ていなかったため、富當雄は東北の地については、出雲王国の一部とは見ていなかったのかもしれない。荒吐族には、神武天皇に追われた耶馬台国の一族や、晋や殷から合流した人々も含まれていた。先住のアソベ族やツボケ族の中には「荒吐一族」への統合を拒み、渡島(北海道)へ追放された人々も居たという。

アイヌが使用する紋の中には「モレウ」という渦巻き文があり、モレウを左右対称に二つ組み合わせた文様は「ウレンモレウ」と呼ばれている。この文様の発祥は、殷渡来の甲骨文字であったとする分析がある。東北地方に殷からの渡来人が居たことの傍証といえる。

ウレンモレウ

殷の文様

また、富當雄は「出雲神族の風貌はアイヌに似ている」と伝えている。「荒吐族」は出雲と同体ではないにしろ、遺伝子や文化の距離は近かったと考えられる。それゆえに、逃亡した長脛彦を拒絶せず受け入れたのだろう。

「荒吐神」とはなにか

それでは「荒吐族」が奉斎する「荒吐神」とは一体なんなのであろうか？

宮城県の岩出山にある荒脛巾《アラハバキ》神社の御縁起には、祭神の荒脛巾についてこのように記されている。

祖神として天、地、水の三神を基とし、日輪（日、月星）を父なる神、万物を育む地、水（山海）を母なる神とする、自然信仰で、二千年に及んで鎮座する産土神であります。

『東日流外三郡誌』に記されているアラハバキについての説明は、その説明が記されている時代によって内容に差異がある。しかし、基本的にはこの岩出山の荒脛巾神社の御縁起にあるように、アニミズム（自然信仰）そのもののように思える。

しかし『東日流外三郡誌』では、「荒吐族」は自然の中から性質をいくつかに分化して捉え、それぞれに名前をあたえていることが記されている。

古代東日流人は「死んで無に帰る」と「生身を交えて生まれる」という相反する二つ

イシカ

ホノリ

ダミ

の意味を持つ「ダミ」という神が人の「生々流転の生々生滅（つまり運命）」を握っていると考えていた。人間の生命（生死）を司るのはイシカ（石化）の神で、男神はホノリ（岳）、女神はツボ（海）に存在し、ダミの神を鎮めて悪疫退散・不老長寿を願うには、山海の獲物を山の噴火口や海底に捧げることが必要だった。そのため、山に住むアソベ族と、海辺に住むツボケ族は、毎年供物の季節（秋）になると、供物を捧げる権利をめぐって争っていたという。

後の時代では平和共存は進み「海住みの一族（ツボケ系）」は魚貝海草塩などを糧となし、山住の一族（アソベ系）は鳥獣の狩や木実山芋織物毛皮等を暮しのために作り、海住の一族と物交をなしてともに暮しを続けたり」と伝承にある。この頃には東日流の神々の体系も複雑化する。佐治氏は以下のように説明する。

…イシカは日輪（太陽）であり「天上界の父」であり、ホノリは「母なる大地」ということになる。イシカは風・雲・雨・雪・寒暑をもって地神のホノリに与う、いいかえれば母なる神ホノリはイシカから風・雲・雨・雪・寒暑の精を受け万物を孕むわけだ。その万物のうち、もっとも神に近いのが人間だという。だが、ダミ神は以前として「生々流転の生々生滅」を司るとともに、「抜魂の霊力」でもって、つねに新しい生命を交代させる。（『謎の東日流外三郡誌』）

また、ダミ、イシカ、ホノリのそれぞれの性質についても詳細に説明されている。長くなるが、重要な箇所なので、そのまま紹介する。

まずイシカの神像であるが、右手の弓は「現実」を表すとあるが、この現実とは宇宙の諸々の事実・実在のことである。そして幾本か弓をもっているが、その第一矢は「万物誕生の精子（このへんは、きわめてフロイト的でもある）、第二矢は「風」、第三矢は「雲」、第四矢は「雨雪」、第五矢は「季節」、第六矢は「寒暑」、第七矢は「生命」である。鎧は「金剛」（つまり堅固で破れないこと）、両目は「明暗」、そして熊に乗っている姿は「運命」をそれぞれ表しているという。なお左手の持矢は「男女の結合をなす縁矢にして万物の新生を生ます」とある。

イシカは日輪の神だから「明中のみの神」である。むかし、空に太陽が二つあったために万物が枯れ果てたことがあった。そこでイシカの神が大熊を派遣して一方の輝きをとめさせた。以来昼夜の区分が生じた。そして輝きを失った太陽が月となったという。なお、月面に見える黒い部分はその熊であり、現在生きている熊の首の下（のどの部分のちょっと下）に三日月の白点がある（月輪熊）のがその名残だし、また日本全国に熊野宮が多いのもその名残だという。

ここで大胆にいえば、古代東日流人は熊をトーテムとした部族であり、また、その熊によって一方の太陽の輝きを消させたという話は、中国や東アジア、東南アジア、東南アジア一帯に見られる「太陽征伐」型の神話である。ちなみに中国の古書『淮南子（えなんじ）』や『楚辞（そじ）』には、堯（中国古代の伝説的皇帝）のとき十個の太陽が出現して草木を焦がし枯らしたので、堯は羿（げい）という部下に命じて、そのうち九個を射落とさせた、とある。

私はここに熊をトーテムとした北方系の阿蘇部族と、太陽征伐の神話をもってきた大陸（中国）系の津保毛族の投影を見る。

次にホノリの神であるが、これは大地地母神的な神格を持っているものの、図でもわかるように、意外にも男女両神があるのだ。つまり、この地神は太陽神であり父なる神であるイシカに対する母なる神とされているわけだが、男女両性をそなえ「新生の子を産む」。つまりホノリの神格にはホノリ男神・同女神の二神格が併せ含まれていることになる。

男神の性器である「加毛（かも）」と女性の性器である「伊辺（いべ）」が合わさって、女神が新しい生命を生むとされる。このことから、この神ホノリが「伊辺加毛神」として祀られ、東日流地方でもっとも多く信仰される「オシラ様」となる。このように、近代に入ってもなお東北の農村に信じられてきたオシラ様は、縄文時代にまでさかのぼる神なのだ。（『謎の東日流外三郡誌』）

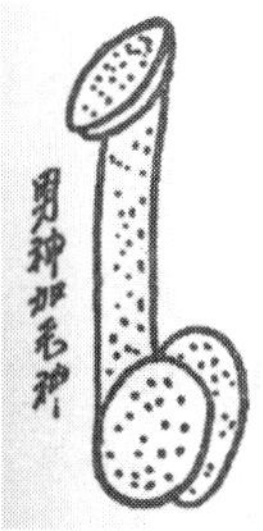

男神加毛神

女神伊辺神

第4章 日本の古代信仰とミトラ教の関係

仏教を隠れ蓑とした出雲信仰

先にも紹介した、以下の富當雄の言葉は、出雲族が自分たちの信仰が弾圧されていたことを示している。

我々の大祖先はクナトの大首長（おおかみ・岐神）だが、もう一つ隠された女首長にアラハバキ（荒吐神）があり、体制側によってこれらが抹殺されようとしたとき、クナトは地蔵に、アラハバキは弁才天へと変身した。（『謎の弁才天女』）

この背景についての富當雄の言葉をさらに紹介していく。

渡来系の人々が、天下を握ろうと仏教を国教化した。その後には儒教が広まった。日本古来の神道は圧迫され続けた。存続さえ危うくなったとき、三輪賀茂氏の出である役の行者は、出雲神道を仏教と習合したように見せかけ、これを守ろうとした。一族の中には強硬に反対するものもいたが、行者は神武天皇の東征以降、各地の山中にひそんでいた出雲神族を従え、修験道を確立した。彼は天孫族に侵略され、怒りに燃えた大国主命を不動明王や蔵王権現にみたてて、これを守り本尊とした。(『謎の弁才天女』)

吉田大洋は、出雲族の間で伝えられているという、日本古来の山岳信仰が仏教に取り入れられた日本独特の宗教である修験道の開祖である役小角《えんのおづぬ》(役の行者)の人物像についての富當雄の言葉を紹介している。

「役の行者は、いざというとき(天孫族が出雲神族、およびその祭祀を完全に滅ぼそうとしたとき)のために、伊勢、熊野、葛城、吉野と、大和をとりかこむように僧

役小角（役行者）

兵を配した。山伏の持つ錫杖（しゃくじょう）は武器以外のなにものでもない」（『謎の弁才天女』）

役小角は出雲族の賀茂氏系の豪族、大和国葛木上郡茅原《ちはら》村の高賀茂氏の出身だった。これらのエピソードは、出雲族が自分たちの信仰を守ることがいかに困難であったかを、また必死に信仰を守ろうとしていたことをよく伝えている。

ドラヴィダ人の太陽信仰と密教

しかし、大陸伝来の信仰体系（雑密、密教など）に出雲神道を習合することができたのは、出雲族もまた古代、大陸から渡来した民族であり、信仰の中に共通のルーツをもつ部分があったためかもしれない。斎木雲州氏は、出雲族はインドから太陽の女神スーリアへの信仰を持ち込み、三輪山西麓を地盤にして太陽の女神を祭っていたという。工学博士、占星術師の東條真人氏は、ミトラ教の復興運動を進めている。東條氏によれば、密教は東方ミトラ教の影響を強く受けており「東方ミトラ教とタントリズムの影響で、中央アジアの太陽神ミトラ＝ヘーリオス＝アーディティヤ＝スーリヤに、大阿修羅の復活が重なって、大日如来（大ヴァイロチャナ）が成立したものと思われる。八大明王は、弥勒＋七大明王であり、東方ミトラ教におけるミトラとその七大天使がタントラ的な姿をとったものと思われる。このとき成立したのが、大日如来を中心とする五智如来と八大明王である」と説明している。

ミトラの原型であるアフラミトラは両性具有であったという。スーリアがミトラの変化であったのであれば、斎木氏が一般的に男神とされるスーリア（スーリヤ）を女神としているのは、こういった背景が関係しているのだろうか。斎木氏によれば、のちに出雲族となったドラヴィダ人が日本へ渡来したのは三五〇〇年前である。スーリアが男神とされるよりも前の時代だったのかもしれない。出雲族のスーリア信仰の中にミトラ教的なものがあったため、役小角は出雲神道を仏教（大乗）とうまく習合させられたのかもしれない。

しかし、うまく習合できたとはいえ、信仰が本来の形を失ってしまったことは、出雲族にとって不本意であったはずである。また、白山信仰も山岳信仰であり、渡来人系の信仰の色が強くなっていった。白山信仰の一形態とされる「オシラ様」がサイノカミと同じ男女一対であったことは先に記したが、白山信仰も、出雲に近い関係を持つ人々が、信仰の隠れ蓑としていたものであった可能性がある。八切止夫が「フジワラ打倒のため、今こそ決起の時である」「純粋な日本人の血をもつ民族によって日本を建て直す」というＣＩＡの話にサンカが乗ったと記しているのも、こういった背景を思えば納得できる。

出口王仁三郎の本当の願い

吉田大洋の『竜神よ、我に来たれ!』には、一八九二年（明治二十五年）、出口なおに降りた国祖・国常立尊の神示を立教の原点とする教派神道系の教団である大本教（正式名称は大本）の出口王仁三郎が、祈祷所で出雲の神を奉じており、それゆえに政府による大本教大弾圧の際に、祈祷所が爆破されたエピソードが記されている。その内容はこのようなものである。京都府亀岡市の出雲大神宮の広瀬宮司は、王仁三郎を幼少時から知っており、王仁三郎が大本教に入ってからも、亀岡に戻ってくると、二日に一度は出雲大神宮の社殿の前に長いあいだ座り込んでいるのを見ていたという。昭和十年十二月の大本教への第二次弾圧時に、広瀬宮司は亀岡の警察から呼び出しを受けた。すでに亀岡の大本教の宗教施設はほとんど破壊されたあとだったが、警察が薄気味悪がって手がつけられない場所があり、王仁三郎をよく知っている広瀬宮司に見てもらいたいということだった。そこは洞窟の中につくられた王仁三郎の祈祷所だった。中の白木のお社を確認すると「出雲の大神」が祀られており、それを警察へ報告すると、すぐに爆破することになった。広瀬宮司がお祓いをしてご神体を取り出すと、祈祷所は爆破された。当時を想い出しながら、広瀬宮司は「僕が出てきたら、すぐにドカーンだった。祈祷所はこなごなに吹き飛んだ。神さんがアマテラスだったら、助かったんだろうけど……。それから、出雲の大神とは、オオクニヌシとミホツ姫のことだ。新興宗教のほとんどは出雲系だよ。大本教やここから出た生長の家、神道天行居はむろんのこと、黒住、金光、天理もそうだ。本当の神さんを表に出さないのは、弾圧から逃れるためなんだが、教祖が他界し、二代目、三代目になると、何がなんだかわからなくなってしまう。おまけに、

出雲大神宮

保身用として、天孫系の神さんを迎えていたりしているからね」と語っていたという。

まだ戦後であれば出雲系の神を祀ることに対しての圧力はそこまでではないだろうが、戦前・戦中期の日本の言論弾圧は激しいものだった。サンカの本拠地の一つである丹波出身の王仁三郎もまたサンカであったとはよく伝えられることだが、王仁三郎の「万教同根」、つまり「すべての宗教は元をたどれば一つの同じ神の意志から発している」という主張は、大本教以外のあらゆる宗教の立場も認めて敵を作らず、出雲の神々への信仰も広げようとする意図があったのではないかと思える。

庚申塔と弥勒菩薩を隠れ蓑とした人々

また、多賀城の荒脛巾神社境内の太子堂とダミ信仰が習合した（詳しくは後述）のも、体制からの圧迫を避けるためであったのかもしれない。富當雄が「出雲神族は、東北から出雲の地に西下してきた。そのとき津軽に残った人々や、神武東征時に追放された人々が、ナガスネ彦の話や出雲系の祭祀を伝えたのだろう」話したように、荒吐族と出雲族はともにサイノカミ信仰である。出雲族と同じように、体制から信仰についての圧迫があったことは想像に難くない。

庚申塔もまた、隠れ信仰の一形態と思われる。詳しくは後述するが、庚申塔はサイノカミと同じ性質を持つ。それではなぜ青面金剛が祭神になっているのか。青面金剛は帝釈天の使者の金剛童子とされ、密教の仏である。富當雄が「役の行者は、出雲神道を仏教と習合したように見せかけ、これを守ろうとした」と説明したように、サイノカミである庚申塔も、密教の仏である青面金剛を祭ることで、出雲やサイノカミ、アラハバキへの信仰を守ろうとしたものと考えられる。『日本石仏辞典』は庚申塔の祭神として、青面金剛と猿田彦を筆頭に、帝釈天、岐神《ふなどのかみ》、塞神《さえのかみ》、大田命《おおたのみこと》、都波岐大神《つばきおおかみ》、八衢《やちまた》

多賀城の荒脛巾神社

東京都沼部の庚申塔

神《のかみ》、輿玉命《おきたまのみこと》、事勝国勝長狭神《ことかつくにかつながさがみ》などを紹介している。塞神が祭神となっている庚申塔もあるというから、庚申塔がサイノカミと同じ性質であるということは明らかである。時代や土地により、特に体制側が信仰を奉じていた対象は違っていたため、多くの祭神が庚申塔へ組み込まれたのだろう。

また、これも詳しくは後述するが白山神社の境内、あるいはその周辺に、かなり高い割合で庚申塔が建てられているということに、筆者は多くの白山神社を巡るうちに気づいた。庚申講の際に唱えられる真言は「オン・コウシンレイ・コウシンレイ・マイタレイヤ・ソワカ」である。マイタレイヤという弥勒菩薩の名が入っていることから、庚申信仰には弥勒信仰が習合していることが解る。難波の四天王寺の僧・豪範が青面金剛童子を感得したことが、日本の庚申信仰の始まりとされているが、四天王寺が弥勒信仰の寺であったことが、背景にあると思われる。白山信仰もまた、弥勒信仰と習合した側面がある。白山神社と庚申塔は、共に弥勒信仰から影響を受けていることもあり、自然と結び付いたと考えられる。さらに、泰澄が開いた平泉寺白山神社の古代の図を見ると、境内の四隅に四天王が祀られている。白山と弥勒菩薩、ミトラの深い関係は、ここにも顕れている。庚申塔は、ヒボコや新羅、辰韓と関わりの深い人々の隠れ信仰の一形態だったのではないだろうか。

さらに、庚申塔に彫られている青面金剛などの神仏が、先端が尖った三角帽を被っているものが多いことに注目したい。ミトラも「フリジア帽」という三角帽を被っている。青面金剛は大黒天やラーマが転化したものではないかといわれているが、ミトラ／弥勒菩薩からの影響も受けていたのではないだろうか。しかし、ミトラのルーツの一つであるオシリスもまた、三角帽を被っている。青面金剛とミトラの共通の起源がオシリスであったのかもしれないが、庚申講の真言から考えれば、ミトラからの影響という可能性が高い。

三角帽の庚申塔

オシリス

安東氏発祥の地、青森県藤崎町の荒磯崎神社は、かつてアラハバキを祀っていた。現在の祭神は薬師神、少彦名命、大巳貴命となっている。そして、境内には猿田彦を祭神とした庚申塔も建てられている。なぜアラハバキが祀られなくなったかは不明だが、アラハバキ信仰と出雲信仰と庚申信仰が結びついていることをよく顕わしている。薬師神の堂の下には勾玉を想起させられる穴の空いた石が多く敷かれていおり、縄文から連なる信仰を残しているようである。宮城県大崎市の荒脛巾神社の社殿の裏にも穴の空いた石が多く敷かれいた。荒磯崎神社にかつてアラハバキが祀られていたことの名残なのではないか。

藤原鎌足も出雲族の血を引く

京都御苑内南端にある九条池の中島に、厳島神社がある。一帯は五摂家の一つ九条家の旧邸跡である。「池の弁天さん」とも呼ばれている。平清盛が母・祇園女御のために、安芸の厳島神社を築島（摂津国莵原郡）に勧請したことに始まるという。足利義晴により、京都の細川高国邸内に移されたのち、一七七一年、公卿・九条道前がその邸内（現在地）に移した。以後、同家の鎮守社となった。

また、同じ御苑内には、清華家の一つである西園寺邸跡もあり、その邸内には白雲神社が建てられている。ここもまた弁財天を祀る場所である。

荒磯崎神社の庚申塔

荒磯崎神社の石

大崎市の荒脛巾神社

荒脛巾神社の石

九条家も西園寺家も藤原氏の末裔である。しかし氏神である武甕雷も経津主でもなく、祖神の天児屋根でもなく、弁財天を邸内に祀るとは不思議なことである。

一応、西園寺家は琵琶の家元だったことから、琵琶を弾く姿の弁才天像を作り、屋敷内の妙音堂に祀ってきたと伝えられている。しかし、琵琶の家元ということの他にも理由があるのではないだろうか。

更には、御苑内西南には宗方神社が鎮座している。この宗方神社はもともと藤原冬嗣が、皇居鎮護の神として筑前宗像神を自邸である東京一条第へ勧請したものだった。東京一条第はその後花山天皇の皇居とされて以来「花山院」と呼ばれるようになった。藤原師実から子家忠が花山院を拝領し花山院家を開いてからも、同家の守護とされた。宗方神社の祭神である宗方三女神の一柱でもある市寸島比売命もまた、弁財天と習合した神である。

富當雄の言葉「アラハバキは弁才天へと変身した」の通りであれば、これもアラハバキの隠れ信仰なのかもしれない。斎木氏の説明では、藤原氏は出雲族の末裔でもある。

鎌足出世の地とされる上総には、現在も姉崎神社（千葉県市原市）の末社にアラハバキを祀る新波々木社がある。上総にもアラハバキ信仰はたしかに在ったのである。斎木氏の「南関東は第二の出雲王国」であったという説明もあり、アラハバキ信仰が根付く土壌が上総にあったと考えられる。

政治的な配慮からアラハバキ信仰を表に出してはいないが、藤原氏は自分たちの祖先への崇敬を捨ててはいないのかもしれない。

実際に、アラハバキ信仰と西園寺家に関係があることを示す資料がある。古田武彦著『真実の東北王朝』に『東日流外三郡誌』の書写を行った人物の一人である和田長三郎末吉と、福沢諭吉の交流についての記録を紹介している。この中に、末吉の自作文書の一部がある。

東京の秋田重季子爵、福沢諭吉先生、西園寺公望閣下、加藤高明閣下の御親交を賜りたる拙者の生涯、悔ひ無き栄誉を戴きたるも、先祖の遺訓を大事とし、白河以北一山百文の国末に、日本帝国の空白なる奥州の史実、世襲はばかる故に、拙者、祖来の尋蹟五代の労も、いまだ平等なる日輪に光当を妨ぐる武官の権政に好まざれば、これを子孫の代に遺し、日浴平等に、自由民権の至る世まで、極秘に封蔵仕るなり。

末吉は西園寺公望と親交があったと書き残しているのである。そして「日本帝国の空白なる奥州の史実」という文とともに西園寺公望の名が登場していることから考えると、西園寺公望も『東日流外三郡誌』やアラハバキに関連する情報は持っていたのではないだろうか。末吉と西園寺公望の親交の背景には、アラハバキに関わるなにかがあったのかもしれない。

渡来人の多くが信仰する北伝仏教と関わりの深い弁財天であれば、祀っていても藤原氏の立場が悪くはなりにくかっただろう。九条家も西園寺家もまた、密かに出雲やアラハバキへの崇敬を捨てずに持ち続けてきたのかもしれない。

オシラ様と白山信仰

性器の形をした神といえば、日本の田舎の道道に祀られている道祖神が知られている。しかし『東日流外三郡誌』によれば、ホノリが「伊辺加毛神」であり、オシラ様であるという。

オシラ様といえば、白山信仰との関連がよく指摘されている。全国に二〇〇〇社以上ある白山神社の総本社は、石川県・岐阜県の県境に立つ白山の山麓に鎮座する白山比咩《シラヤマヒメ》神社である。僧侶の泰澄が、養老元（七一七）年に登頂したことが、白山信仰の始まりといわれる。以降、修験道の山岳修行の場となったが、白山比咩神社の御神体が白山そのものであり、水の神、農耕の神、漁業の神、養蚕の神などの生業の神としても広く信仰を集めた。オシラ様は養蚕の神としての一面が知られており、それゆえオシラ様は白山信仰と繋がりが深いと考えられているのだろう。

白山信仰と豊穣への願い

しかし、白山信仰には特別な教義もなければ、崇敬する教祖もいない。それでは白山信仰とは一体なんなのであろうか？

白山比咩神社には、十月二十三・二十四日が祭典日である秋季大祭の「豊年講」がある。初穂米を供え、白山の水の恵みに感謝を捧げる祭りで、舞女《まいひめ》が稲穂を手にして舞う「悠久の舞」が奉納される。この大祭は一万人以上が参加することもあるという。

北國新聞社編集局編白山比咩神社協力の『霊峰白山』には白山比咩神社の山崎宗弘宮司の言葉が載せられている。

「白山のお水は単なる液体ではありません。田畑を耕し、生業を支える源。もっと言うなら生命そのもの。長い歴史の中で培われた水への信仰、それが白山信仰の本質じゃないですか」

また、石川県鶴来町の白山比咩神社では、毎年六月の第一土曜日に、釣り人役の舞女が鯛を釣り上げる「大漁神楽」が披露される「みにえ講大祭」が行われる。マダイ、ヒラメ、ワカメなどの海の幸が供えられる。農家が白山に感謝する場が「豊年講大祭」なら、こちらは漁業関係者の神事であるという。

白山信仰も、古代東日流人の信仰形態と同じく、豊穣を願い、山海の恵みを供えるのである。豊穣とは「不断の再生」ともいえる。

白山の古称は「シラヤマ」である。民俗学者の柳田國男は「シラヤマ」という言葉に、刈り稲を積み重ねた「稲積み」「稲の産屋」の意味があるとした。柳田は、『海上の道』所収「稲の産屋」で、愛知県北設楽郡の山村で行われた霜月神楽《しもつきかぐら》における「シラ山」という行事を紹介した。「シラ山」は、臨時に大きな仮山を作り、前後に出入りの口を設け、内には桟道（さんどう・架け橋）を懸渡して、志願者にその中を通り抜けさせるというもので「胎内くぐり」とも呼ばれたという。障り無くこの行道を為し遂げたことを「生れ清まわり」と呼んでいたとも伝えられ、柳田はそこから「シラヤマ」という言葉に、誕生や再生という意味を見出した。

白山神社と太陽信仰

また、東村山郷土史料編纂員の東原那美氏の著作『白山神社と太陽信仰の研究　白山と伊勢神宮の関係を中心として』では、白山信仰と太陽信仰の関連性が分析されている。同書にある以下の一節を紹介する。この書にある分析の中核ともいえる箇所でもある。

白山の主峰御前峰（おまえみね）に「高天原」があり、天柱石を称する磐座（いわくら）が存在し、ここ東経一三六度四六分を垂直に降下すると、伊勢の海からそそり立つような伊勢神宮・内宮の東方に位置する「朝熊山（あさまやま）」につける。この線が宇宙の中心軸、「天の御柱」である。

ここに朝熊山を「大日本の束根所（たばねどころ）」と位置づけ、「奥宮」と呼び、内外宮を「里宮」と呼ぶ習が生まれた。この由縁こそ朝熊山頂に「皇太神の御母」であり、「天地開闢のすべての母」として崇められていた太陽神・白山妙理大権現に由来するものである。

この伝えは弘法大師の手になるという伝説をもつ『朝熊山儀軌』の『神鏡広博』に明白である。ここに共に「白鏡」を祭神とする、内宮摂社の筆頭に座す「浅間神社」が生まれてきたゆえんであろう。

まず重要な点は、白山の主峰から垂直に降下した位置に朝熊山があり、その山頂に白山妙理大権現が配されていることである。一般に結界とは「一定区域に魔障が入らないようにする術」といった意味合いで認識されているものだが、結界術は古代から神道、風水、密教など、さまざまな宗教や霊法で用いられている術法である。東経一三六度四六分上の南北に、天柱石を称する磐座と、朝熊山の白山妙理大権現の二点が配されているということは、この配置が偶然ではなく、結界術などのために、意図して配置されたものである可能性を示している。朝熊山が、白山信仰と密接な関係にあると考えられる。

さらに重要なのは、白山信仰と太陽の関連が明確に記されている点だ。『白山神社と太陽信仰の研究　白山と伊勢神宮の関係を中心として』に依れば、現在は朝熊山山頂に白山を祀るものはなくなっているが、『勢陽五鈴遺響』には、かつて山頂に「白山小祠」が祀られていた記録が残されている。そして、朝熊山の金剛證寺が保存している『朝熊山儀軌』巻上『神鏡広博』巻第五には、

白山の天柱石

宝宮　白山妙理大権現　皇太神（すめらおおかみ）の御母（おんはは）、悲魂後生（ひこんごしょう）必ず仏果（ぶっか）を記す。月尊勝誠殿后宮（がっそんしょうせいでんこうぐう）の礼文に曰く、南無天地開闢の万母白鏡（ばんばますかがみ）、一切皆比の広恩は仏の宝なり。法をもって福智愛敬（ふくちあいぎょう）白山妙理大権現（小字）毎月三日、日に向ひ、出てて唱礼すること十三度、諸天の摩頂を蒙り、兼て福智を護り、後生必ず仏果を証す。

と記されているとある。東原氏は、白山妙理大権現の祭神は「鏡（太陽）」であり、すべてを生み出す太陽神を祀ったと分析している。神道では、鏡は太陽を象徴する御神体とされる。また、この文には「毎月三日、日に向ひ、出てて唱礼すること十三度」という太陽礼拝の様子も記されている。

白山信仰とサイノカミ

また、一方では八切止夫は「[白山神信仰」のオシラ様の御神体が男女一対となっているのも、なんとかして原住民どうしの男と女が一緒に暮せる世の中が来るようにというので、その悲願を込めて祀ったもの」とも記している。白山比咩神社には夫婦神であるイザナギとイザナミが祀られているが、そのことも関係しているのではないかと思われる。なお、斎木雲州氏は、出雲王国のクナトノ大神と佐毘売命がイザナギとイザナミへ名前を変えられたとしている（『古事記の編集室』）。その御神体は、白い木を彫刻されたものが全国的に多いという。さらに八切は、越後の白山神社の御神体は馬に乗った女性の絵であり、中には着物ではなく「毘」の旗を差し、鎧をつけているものもあると紹介している。「毘」の字は、上杉家の「毘」の旗と同じく、毘沙門天を意味するものだろう。白山信仰には特別な教義がないように、御神体も定型はないのかもしれない。

クナトノ大神と佐毘売命は出雲族の祖神、サイノカミである。斎木雲州氏は「サイノカミの特色は、子孫繁栄の神」であり「縁結びと子宝の神」とも言われているとしている。サイノカミもまた、やはり「誕生」や「豊穣」の象徴として祀られる存在である。越後の白山神社の御神体も、馬を男性と捉えれば、女性と対になり、サイノカミの一形態のように思える。

このことは、富當雄が「我々の大祖先はクナトの大首長（おおかみ・岐神）だが、もう一つ隠された女首長にアラハバキ（荒吐神）があり」と伝えていたことにつながってくる。荒吐族のホノリの神が「伊辺加毛神」として祀られ「オシラ様」となったことを考えれば、荒吐族と出雲と白山信仰の密接なつながりが見えてくる。白山信仰の原型は、泰澄の時代よりはるか昔にあるのではないだろうか。

さらに、出雲族の信仰と白山信仰にはまだ共通点がある。斎木雲州氏は、出雲族はインドから太陽の女神スーリア（ただしスーリアは一般的には男神である）への信仰を持ち込み、三輪山西麓を地盤にして太陽の女神を祭っていたという。

アメノヒボコと太陽、再生

さらに、白山信仰を分析するうえで、外すことができない存在が、辰韓から渡来したアメノヒボコである。『白山神社と太陽信仰の研究　白山と伊勢神宮の関係を中心として』にある、アメノヒボコと太陽信仰、再生儀礼の関係の分析の中から、重要な箇所を紹介する。

まず、記紀にアメノヒボコの渡来についてこのような内容がある。

むかし新羅の阿具奴摩《あぐぬま》というところで、女が昼寝をしていたとき、日の光が虹のように輝いて、その陰部をさした。ある賤しい男がその様子を見て不思議に思い、女の行動をうかがっていた。女は妊娠し、そのあと赤玉を生んだ。男はその玉をもらい受けて、大事にしていつも腰につけていた。ある日、牛に飲食物を背負わせて歩いていると、新羅の王子であったアメノヒボコに出会った。アメノヒボコは、お前は牛を殺して食うつもりだろうと、なじって牢獄に入れようとした。いくらそうではない旨述べても聞いてくれないので、困ってしまった男は腰の玉をさし出しアメノヒボコに許しを乞うた。アメノヒボコはもらい受けた玉を寝床のかたわらに置くと、やがて玉は美しい娘に生まれ変わった。アメノヒボコはその娘を妻とした。彼の妻はいつも珍しい食物をこしらえては、食べさせてくれたが、いつか月日がたち心のおごってしまったアメノヒボコは、妻をののしった。女は、「そもそも自分はおまえの妻になるべき女ではなかった、自分は先祖の国にゆく」といって、ひそかに小舟に乗って難波に帰りとどまった。アメノヒボコは妻が逃げたことを聞き、難波まで追ってきた。しかし、渡《わたし》の神が妨害して、上陸することができなかった。そこで彼はしかたなく、瀬戸内海をまわって但馬国へ行き、マタオの娘マエツミと結婚して定住した。

そして、朝鮮の史書『三国遺事』にも、韓人の渡来伝承があるという。

新羅第八阿達羅王の四年丁酉に、東海の浜に延烏郎・細烏女という夫婦があった。一日、延烏郎は一厳（いわ）に乗って日本に渡った。日本国人は彼を非常の人として、王とした。細烏女は夫が帰らぬのをいかぶり、夫を求めて、またその厳にのって日本に渡り、夫婦再開して、女は貴妃となった。このとき新羅では日月が光を失った。使者は奏して、日月の精が我国（新羅）に降って在ったのに、今や日本に去ったので、この日月が光を失うという事変が生じたのであるといった。王は使をつかわして二人を求めた。延烏郎は使者に「自分がこの国（日本）に到ったのは、天の然らしむるところである。今、どうして帰られよう。しかし、自分の妃（細烏）が織った細絹がここにある。これをもって天を祭ったらよかろう。といって、その細絹を使者に与えた。王は使者の報告によって、そのようにすると、日月はまた旧のように煇りかがやいた。

その細絹は御庫におさめて国宝とし、その庫は貴妃庫と名づけ、天を祭ったところを迎日県（または都祈野）という。

日本と朝鮮の古い史書に共通の伝承があることから、史実に近いものがあるのではないかという。この伝承そのものが日光感精（日光に触れることによって妊娠する）話と卵生説話の一類型の組み合わせで、太陽信仰に基づくものであり、アメノヒボコという名前も「日の矛」という祭具の意味である。

アメノヒボコを祀る出石神社の神宝は、石上神宮、別名布留御魂神社へ移ったとされる。鎮魂祭に関する文献によると「ヲキツ鏡・ヘツ鏡・八握剣・生玉（いきたま）・死反玉（しにかへしたま）・足玉（たりたま）・道反玉（ちかえしのたま）・蛇比礼・蜂比礼・品物比礼（くさぐさのもののひれ）」である。比礼とは、オオクニヌシの根の国ゆきの物語の中で、邪霊を追い払う呪布として書かれている。オオクニヌシの、根の国ゆきの物語は再生儀礼であり、一種のミタマフリの神明神話である。この再生は「生玉・死反玉・道反玉」の名によっても示されており「足玉」はそれによって生命が完全に充足されることを意味している。

また、愛知県設楽群東栄町辺の奥三河の無形民俗文化財である「三河の花祭り」には、

「白山《しらやま》」という再生儀礼が含まれる大神楽があり、この神楽を「みるめ王子」または「きるめ王子」が各地に伝え、この地に到って終焉をとげたいう伝承がある。そしてこの地に「みるめさま」という塔を建てたという。この「みるめ王子」はアメノヒボコの別の呼名である。古事記にあるアメノヒボコに関する伝承に登場する「アグ沼」は「御子沼」と直訳することができ、また「乳母沼」と訳すこともできるので、民俗学的にみると「みぬま」「みぬめ」となり、さらに転化して「みるめ」から来た「王子」という意になるという。

以上『白山神社と太陽信仰の研究　白山と伊勢神宮の関係を中心として』中のアメノヒボコに関する分析を紹介してきたが、筆者はこのアメノヒボコに関する分析と、白山信仰の形態から、あることを連想した。それは弥勒菩薩信仰、そしてミトラ教との共通点である。

弥勒菩薩信仰、ミトラ教と白山信仰

古代、朝鮮半島には弥勒菩薩《みろくぼさつ》信仰は広く浸透していた。弥勒菩薩とは、仏である釈迦の次にブッダ（悟りを開いた人）となることが約束された菩薩（修行者）で、釈迦の入滅（涅槃に入ること）後の五六億七千万年後の未来にこの世界に現われ悟りを開き、多くの人々を救済するとされる。弥勒とはサンスクリット語のマイトレーヤ（Maitreya）の音写である。この言葉は友情や慈悲を意味するマイトリー（Maitri）という言葉が由来で、マイトリーはさらにミトラ（Mitra）に由来する。ミトラは、友情や契約を意味する言葉であるとともに、古代イランの太陽（光）の神の名前でもある。つまり、弥勒信仰は、中央アジアから伝来したのである。その過程で、大乗仏教とも習合した。

ミトラは、古代インド・イランの両地域のアーリア人にとって重要な神であった。ミトラ教は、宇宙の守護者コスモクラトールと呼ばれる宇宙的知者ミトラを中心とした宗教で、古代ペルシア神話を母体にしている。イランのゾロアスター教の根本教典『アヴエスター』、古代インドの聖典『ヴェーダ』の一つである『リグ・ヴェーダ』の両文書にその名前は登場する。

東條氏によれば、ミトラ教の影響下にある宗教や思想は、大変広汎で東西にあり、仏教、ヒンドゥー教、キリスト教、イスラーム、ユダヤ教、マズダー（ゾロアスター）教、神智学などもその影響下にあるという。またミトラ学（ミトラ教研究）については以下のように説明している。

ミトラ学は、二十世紀後半に入ってから、中近東の民俗学、考古学、宗教学、古典学的研究が進み、知識が飛躍的に増大したことで、ミトラ教の概念そのものが根底から見直された。その結果、ミトラ学は、原始ミトラ教、ヘレニズムのマゴスの宗教、ローマ帝国のミトラ教、東方ミトラ教（明教）、アルメニアのミトラ教、弥勒教、ポン教、ヤザタ派・天真派・アレウィー派、さらには朝鮮半島・日本までを含んで大きく広がった。その一方で、ゾロアスター教とは完全に切り離された。

新羅には、花郎（ファラン、かろう）という制度があった。軍事的訓練や文化的教育機関としての青年組織制度、またはそのリーダーを花郎と呼んだ。花郎制度は、その団結の基礎を弥勒信仰に置いた。そして、その首領を弥勒の生まれ変わりとして、人々はあがめた。花郎は、弥勒に護られていると考えられていた。花郎の信仰した弥勒菩薩は、中央アジアのミトラ教（ソグド的ゾロアスター教）の影響の強い弥勒＝ミトラであったとする説がある。また、花郎の弥勒信仰には、シベリアの草原ルートを通って、中央アジアから渡来したミトラ教徒の一団が関係するとの説もある。花郎は、当初牧歌的だったが、途中から軍事的な色彩が強まった。この変化は草原ルートから渡来した人々の影響という説がある。草原ルートから渡来した人々は、イラン系で遊牧騎馬民族のスキタイ人であったという。

アメノヒボコに関する説話には、弥勒菩薩信仰、あるいはミトラ教との関連を思わせるものが多く登場する。

まず『日本書紀』には、アメノヒボコと同一人物と見なす説もある、都怒我阿羅斯等《ツヌガアラシト》という人物に関する、このような記録がある。以下『謎の出雲帝国』より抜粋する。

崇神天皇の条に「任那（みまな）国がソナカシチを（わが国）に遣わして、朝貢した」とある。

垂仁天皇の条には「御間城（みまき：垂仁）天皇の世に額に角がある人が船に乗って越国（福井県）の笥飯：けひ（気比）浦にやってきた。

そこで、この地を名付けて角館（つぬが：敦賀）と言う。その人に「何処の国の者か？」と尋ねたら、こう答えた。

「オオカラ国（任那加羅）の王子で、名をツヌガアラシト、別名をウシキアラシチカンキという」とある。

ソナカシチは朝鮮語。ソ＝牛、ナカ＝出て来る、シチは尊称で「牛のように角の出ている貴人」

ツヌガアラシト＝角がある人

ウシキアリ＝額に角があること

『韓国史』の中で韓国の学者・李丙寿は「弁韓及び辰韓人たちが、かぶった冠の前面に角状のものがついているのを見てこう呼んだ」と述べている。

歴史学者の三品彰英は「アラシトのアラは、新羅の始祖閼智（あるち）と同語であり、閼智は小童の形相で天界から降臨したと伝説されている日の御子を意味する」「古代朝鮮では新羅や加羅の王子貴族などには、最高官位の角干という位号を冠するのが常であった。この角干はスプルカンと呼ばれていたが、韓読みが次第に忘れられて、日本訓みにされツガとなったと考えられる」と説明している。

吉田大洋は、この角干について、以下のように分析している。

……ツヌガアラシトたちの牛冠だが、それをかぶる習俗は古代オリエントに発祥している。ナラム・シン王（アッカド朝）の戦勝記念碑は、牛冠をかぶった王が太陽神に勝利をつげる姿を浮き彫りしている。牛をトーテムとし、神＝牛＝王と考えたからである。

インドでもハラッパーの遺跡から角をはやした神像が発掘されており、インドラ（牛の主の意）やシヴァ、釈迦は、牛を神使としている。仏足石には、牛を表わす絵文字が刻まれている。そしてこの牛のマークは、熊本県の釜尾古墳の壁画などにも見られる。ついでだが、兜の鍬型は牛冠が起源である。これらの牛族は太陽神を奉じ、その象徴である「菊花紋」「木瓜紋」「十字紋」などを用いた。（『謎の出雲帝国』）

角のついた冠をかぶるアメノヒボコも、太陽を奉じる牛トーテムの一族であったと考えられる。

「日の光が虹のように輝いて、その陰部をさした」ことにより妊娠した女性が生んだ赤玉より、アメノヒボコの妻（アカルヒメ）は生まれた。これもアメノヒボコの一族と太陽信仰とのつながりを思わせる。さらに、その玉を持ち歩いていた男は、牛を連れていた。この点も、アメノヒボコの一族と牛との接点を示している。

ミトラは、牡牛の首を刃物で刺し、屠る姿で描かれている場合が多い。ミトラは十二月二十五日（冬至）に岩から生まれた。冬至とは「太陽の再生」を願うことである。また、ミトラと牛の関係も諸説あるようだ。一説では、岩から生まれたために母親の居ないミトラには、母親の代わりが必要であり、その代わりを牡牛とし、ミトラはこの牡牛の血を体に塗って育ったという。「ズルワーン神学」では、ミトラは月の女神アルテミスが飼っている牡牛を地上に連れ出し、洞窟で牡牛に短剣を突き刺し、その牡牛から流出した血によって、荒廃した大地に生命力をあたえたという。ミトラを描いたものは多くの変遷があり、ミトラは必ず牛とともに描写されてはいないが、牛とのつながりの深い神なのである。

さらに、ミトラは卵から生まれた姿で神像とされているものもある。朝鮮神話における国祖ないし氏族始祖の出現形式に卵生が多いということも、朝鮮へのミトラ教からの影響の顕れと考えられる。

また、アメノヒボコの別名であるという「みるめ王子」という名前も、ミトラの投影ではないかと思われる。密教などの大乗仏教で唱えられる真言には、弥勒菩薩の真言も存在する。弥勒菩薩の真言は「オン・マイタレイヤ・ソワカ」であり、この中の「マイタレヤ」とはマイトレーヤでのことであり、サンスクリット語で弥勒を意味する。東原

牛を屠るミトラ

卵から生まれたミトラ

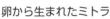

氏は「アグ沼」が転化して「みるめ」となったと分析したが、筆者は「マイタレ」が転じて「ミタレ」となり、さらに「ミルメ」となったと考える。韓国では、弥勒を「ミルク」と発音する。「ミルク」「ミタレ」「ミルメ」とならべてみると、音韻的な近さがわかりやすいかと思う。アメノヒボコが花郎の先駆けであったとすれば、アメノヒボコは弥勒菩薩と重ねて見られていたと考えられる。

沖縄でも、弥勒は「ミルク」と呼ばれている。豊年祭では白い布袋のお面を被り、黄色い服を着た「ミルク神」が練り歩く。民俗学者の折口信夫は、天皇が即位の礼の後、初めて行う新嘗祭である「大嘗祭」の際、「御寝所」で「御衾《おふすま》」なる寝床で横に臥して、また起き上がることについて、死と再生の儀式と分析している。竹内睦泰氏が、神武天皇の母である玉依姫が琉球王国の姫であったとしていることについては先に述べた。太陽神、天照大御神を信仰する天皇家にも、ミトラ教からの影響があったのかもしれない。

そして、延烏郎・細烏女の説話は「太陽の再生」を思わせる。新羅から延烏郎・細烏女が去ったことにより、新羅の日月は光を失った。しかし、細烏が織った細絹をもって天を祭ることにより、日月は再び光を取り戻す。ミトラの生まれた冬至もまた「太陽の再生」を意味する。

「みるめ王子」が伝えた「白山」もまた再生儀礼である。『白山神社と太陽信仰の研究白山と伊勢神宮の関係を中心として』には、安政二年（一八五五）に、三河の花祭りにおける「白山」を体験した老婆の話が紹介されている。七日間の儀式の中日に白山へ入ることとなる。

それは千度のコリよりもえらい（大変な）御立願であった。千度のコリというのは二寸位の棒を千本つくり、それを一本一本手に持って御題目を称えながら、川の流れへ流しながら願を果たすことである。

神楽子に上がる前は、七日間別日で精進を食べた。白山という場所があって、二間四方位の建物の中へ、丁度花祭りのときのように飾り立て、周囲の天井も紙を飾って白かった。そこへ無明の橋という橋を渡し、その上を渡って白山に入った。白装束をつけて、六角の金剛杖を持ちスゲの笠をかぶって、その橋の上を渡ったが経文が一杯敷いてあって、恐ろしくてふるえてころんだりして歩けぬ者もあった。それをどうやら踏んで渡って、白山の中に這い入ると、枕飯を喰えるようになっていて膳についた。

それで半分ばかり食べたとき、外から鬼が飛んで入ってきて、花を舞ったまさかりでつついたりして、中に居られず、皆逃げて出てきた。それは中の日であった。

民俗学者の早川孝太郎によれば、この儀式に参加するのは、本卦還りの人、病気がちの人、不幸の続いた人などであったという。参加前には精進料理を食べ身を清め、橋を渡って黄泉の世界とされる白山へ入り、枕飯を食べる。この枕飯は、葬式のときに用いる、箸が一本突き刺されたものである。そうしていると、鬼たちが白山へ入ってきて、中心にある「はちの巣」をはらい落とす。「はちの巣」は梵天を意味する。その後、中の人々が飛び出したのち、白山の建物はただちに破壊される。こうして神の子が新たに誕生したと認識され、生まれ清まったとされるというものである。その時の状況を「怖ろしさに心も空になってしまい、枕飯は咽喉に通らぬものもあり、中には感激と恐怖が一緒になって、嗚咽が外までも漏れ聞こえたという」と、早川は記している。

実存主義哲学者のハンス・ヨナスの著書『グノーシスと古代末期の精神 神話論から神秘主義哲学へ』には、言語学者のアルブレヒト・ディーテリッヒの著書で紹介されている、ミトラ教のミトラ密儀参入者が唱える言葉が掲載されている。

もしあなたがた（神的要素）がわたしを不死の誕生に委ねることを可とされるならば、すなわち、生まれつきの本性に未だ縛られたままのこのわたしがそれを可とされて、今現に激しく迫ってやまない辛苦を超えて、不死のプネウマ（霊）によって不死の『始源』を眺めることができるようにしてくださるならば……、わたしが霊において生まれ変わることができるように……、そしてわたしの中に聖なるプネウマが吹くように……してくださるならば、今日、その時にこそ私は可死的な母の胎から生み出された死ぬべき身でありながら――この上なく偉大な力によって、より優れた存在へと高められ、不死の目によって、そして不死のプネウマによって、不死のアイオーンを見ることでしょう、……その間、しばらくの間、わたしの人間としての『心魂』の力は、わたしにふさわしく、したがって静かにしている。それを私は今この時に続いている苦しい強迫が終われば、また再び無傷のまま受け取るであろう。……死すべき運命に生まれついたわたしには、不死の灯りの黄金の輝きとともに昇っていくことはとてもかなわぬことである。だから、静かに立ち止まるがよい、朽ちゆく定めの人間の本性よ。そしてこの仮借なく強迫する辛苦の後には、すぐに私を無事に受け取るがよい。

（以下「天空の旅」の最後の祈り）

主よ、わたしは高められながら、再び生まれた者として死に赴きます。わたしは高められた者として死ぬのです。いのちを生み出す誕生を通してわたしは生まれました。そして解放されてわたしは死に赴きます。わたしはあなたが据えてくださった道を、あなたが定められた側とあなたが創造された奥義とに即して進んでいきます。

「不死のアイオーン」という言葉が登場するが、ミトラはアイオーンの名で記されることもあるという。この密儀に使用される言葉は、人間が辛苦を乗り越え高められ、そして死しても再生される様子を記している。また、至高神（おそらくミトラ）が創造した奥義に則り進むという宣誓でもあると思える。やはりミトラ教においても「死と再生」は大きなテーマなのである。

アメノヒボコにまつわる説話には、このように多くのミトラ教との共通点がみられるのである。

アラハバキ、磐座信仰、ミトラ教

これまで述べたように、出雲族と荒吐族の信仰形態と白山信仰には「太陽信仰」「サイノカミ信仰」「豊穣への祈り」といった多くの共通点がある。そして驚くべきことに、荒吐族の信仰とミトラ教にも共通点を見つけることができる。

荒吐族は石神信仰を持っていた。佐治芳彦氏は、東日流の神々には縄文的性格がはっきり出ているとしたうえで『謎の東日流外三郡誌』の中でこのように説明している。

イシカホノリのイシカに「石化」と漢字をあて、ホノリが「岳」「山」を意味するこの地方の古語であることからみても、東日流地方の石神信仰の起源は古い。少なくとも津保化にまでさかのぼる。

「津保化盛（つぼけのもり）を源に流る渓谷に摩訶不思議（まかふしぎ）なる石塔あり。地民是（これ）を石塔山と号け、怪奇な岩塔を今尚（いまなお）神とぞ崇拝す。岩裸（いわはだ）に意味ぞ解難（ときがた）き文字の刻跡あるも是を読むる者ぞなし」（「飯積津保化盛石文」）。

石塔山の巨石の一部

そして、ミトラは冬至に岩から生まれた。ギリシャの神殿に建てられていたアギエウス円柱は太陽神アポロンの象徴であり、アポロンはミトラと習合し、同一視されることもあったという。アラハバキ神信仰には太陽信仰も含まれていた。そして、ミトラ教でも、岩は神聖視の対象であった。

荒吐族の神であり、太陽神の性質を持つイシカの姿は、神聖な生き物である熊にまたがり、鎧を纏い、七本の矢を背中に背負っている。太陽神ミトラもまた、神聖な生き物である白馬にまたがり、鎧を纏い、弓矢を持った姿で描かれる場合があるのだ。そして、

ミトラは七つの武器を持つと伝えられている。七つの武器とは

1　光と炎
2　剣
3　短剣
4　戦闘用の杖（棍棒）
5　弓矢
6　ハープ
7　盾

である。

「七」はミトラ教においては神聖数である。「七曜」「七芒星」「七惑星」「七大天使」など、ミトラ教の思想に関わるあらゆるものが七にちなみ、一際特別神聖な数字と見なされている。

また「七」はカバラにおいても一際特別な意味を持つ数字である。東條氏は「カバラとミトラ教は、メタトロン神秘主義において接合している。ミトラ教の正典のうち、『巨

人の書』（大力士経）と『ジンダガーン』（秘密宝蔵経）は、メタトロン神秘主義と直結している」と説明している。メタトロンとは旧約聖書などに登場する、カバラとは密接な関係にある天使である。

一般にカバラはユダヤ教のものと思われがちだが、神秘主義者（ミトラ教からの影響が大きいという、フリーメイソンリーの三十三位階の会員であった）のマンリー・P・ホールの著書『カバラと薔薇十字団』には、カバラについて以下のように説明されている。

カバラについては、当然ながら諸説紛々として定説がない。初期の「カバラ的密儀」の参入者たちが信じていたところによれば、人類の堕落以前、「神」は初めに天使たちを前にしてその原理を説いたという。後に天使たちはアダムにその秘密を打ち明けた。その原理を理解した上で獲得した認識を通して、堕落した人類が再び失われた楽園を回復することができるようにしたのである。カバラの密儀のなかには、天使ラツィエルがアダムに教えるために天から派遣されるところがある。その後に続く族長たちにこの難解な学問を伝授するのに、別々の天使が現れた。トフィエルはシェムの師であり、ラフィエルはイサクの、メタトロンはモーゼの、ミカエルはダヴィデの師であった（『世界の信仰を見よ』）。

また、マンリー・P・ホールは「［カバラ］の秘密教義は世界創造の日以来存在していた」とも記している。つまり、カバラとは「宇宙そのものの原理」のように捉えられていたと思われる。

カバラにおける「七」の意味について、同書では以下のように説明されている。

主は霊より風を作り、風のなかに二十二の音――文字――を作り、定めた。そのうち三つの音――文字――は根源的なものつまり母であり、七つは複音、十二は単音（単純）である。（p20）

七つの複音文字の形は「神」が定め、確定し、浄め、思い量り、入れ替えた。その後に「神」はこの七文字から宇宙においては七つの日を、人間（男と女）においては七つの感覚の門を造った。この七から「神」は七つの天、七つの地、七つの「安息日」

を造った。こうして「神」はその支配下においてどんな数字よりも七を愛したのである。（p27）

こうして、カバラの「神がもっとも愛した数字」という視点から「七」を見ると、ミトラ教においても「七」がどれだけ大切な数字であるかが理解できる。

また、東原氏も東村山市の白山神社が「七社」で一セットとなっていることや、花祭りの大神楽が「七年目」を期して行われる行事であることなどから、白山信仰の中にも「七」という数字が多く関係していることを指摘している。

他にも荒吐族の信仰とミトラ教の関連を示している可能性があるものとして、青森県三戸郡新郷村の風習がある。新郷村では、子供を初めて野外に出すとき額に墨で十字を書く風習があった。これはよくユダヤ教やキリスト教との関連が指摘されているが、そういった伝承が残っているわけではない。新郷村は岩木山とはある程度離れてはいるが、青森という場所から考えれば、この風習はアラハバキと関係があった可能性がある。そして、ミトラの信奉者は額に十字の印を付けていたという説もある。これは確証があることではないが、新郷村の風習はミトラ教からの影響であったのかもしれない。そして、その風習が残っていたのは青森であったということは注目すべき点である。

白山信仰と荒吐族

荒吐族の信仰とミトラ教には「石・岩信仰」「太陽信仰」「聖獣の存在」「武器」「七という数字」などの共通がみられることを説明してきたが、さらに白山信仰と荒吐族の信仰にも共通点があり、そこから浮かび上がってくるものの分析を進める。

『謎の出雲帝国』に、本多静雄の『古瀬戸』の中の一節が紹介されている。

白山信仰は有史以前からそこに住んだ人々から、山岳神として崇敬されていたと考えられるが、はっきりした形をとるのは、朝鮮系帰化氏族の越前麻生津に住む三神安角の子・神融（しんゆう）禅師泰澄を祖として、崇めてからである。

泰澄が、養老元年（七一七）白山に登り、朝鮮の巫女・菊理姫（白山貴女）をその山頂に奉斎したのが始まりであるが、爾来、この山は故国の神の座す霊山として、同系帰化人に崇敬された。

「有史以前からそこに住んだ人々から、山岳神として崇敬されていた」とはあるが、朝鮮系帰化氏族の崇敬を集めていたというところから、やはりアメノヒボコが持ち込んだ弥勒信仰が白山信仰にもたらした変化は相当大きなものだったと思われる。

東原氏は、白山御前峰の山頂に「高天原」という地名があり、その「高天原」に「天柱石」があることなどから、白山の元々の主祭神は『古事記』では天地開闢の際に高天原に最初に出現した「アメノミナカヌシ」であったのではないかと推理した。中央仏教界が本地垂跡論を白山にあてはめ、十一面観音を中心にして整理統合をおこなったのが泰澄であり、その約七百年後に神道学の立場から「十一面観音は神にあらず」と卜部兼倶が菊理姫を祀った。東原氏はこれらからみて、泰澄は白山の開祖ではなく「中興の祖」というべき人であるとしている。

ただし、アメノミナカヌシが白山の主祭神であったという記録が、実際に残っているわけではない。しかし白山御前峰の山頂に「高天原」という地名があり、その「高天原」

に「天柱石」があるということは、本多静雄が「有史以前からそこに住んだ人々から、山岳神として崇敬されていたと考えられる」と記したように、古代から、なんらかの祭祀が行われてきた場所であったのではないかと思われる。白山信仰の原始の形には、荒吐族の信仰と同様に「石・岩信仰」が含まれていたのではないだろうか。

奈良県吉野郡十津川村にある、熊野三山の奥の宮である玉置神社には、摂末社の一つに白山社がある。露頭の西端にある巨大な磐座である乳岩には、鳥居のみが設けてられており、白山権現を祀る白山社の磐座となっている。反対側の東端に玉石社と呼ばれるオオナムヂの祭壇が設けられている。乳岩を拝礼しようとする場合、玉石社の祭壇は適所であることから、本来は乳岩の拝所であったとする説がある。筆者が現地に赴いて、神社の関係者の方から伺った話によれば、現在の玉置神社の本殿が建てられるよりも遥か昔より、乳岩は重要な祭祀の場所であったという。それは乳岩が白山権現を祀る白山社となるよりさかのぼる古代であったという。また、現在は本殿は神武天皇を祀っているが、古代この地は出雲への崇敬が篤い土地であったとも話されていた。

岐阜県郡上市白鳥町長滝の長滝白山神社は、白山信仰の美濃国側の中心地であった。

東海地方、関東地方方面の白山信仰は、長滝白山神社が中心であったともいう。長滝白山神社から白山へ向かう登山ルートには、石徹白《いとしろ》の白山中居神社がある。この神社にも、大きな磐座が存在する。

葺不合神社境内の白山神社

千葉県我孫子市新木の葺不合神社では、より直接的な荒吐族の信仰と白山信仰の接点を見つけることができた。葺不合神社は、神武天皇の父であるウガヤフキアエズノミコトが祀られているが、境内には白山神社も設置されている。この白山神社の祠を背にして右斜め前には、男性器型の石神が建てられていた。男性器型の石神は、荒吐族の加毛神であり、また出雲族のクナトノ大神の変形でもある。

さらに、直接的に荒吐族と白山を結びつける情報もある。『東日流外三郡誌』は和田喜八郎が自宅から「発見」したとされる『和田家文書』の文書群の一部である。歴史研究家の久慈力氏は『和田家文書』について『日之本文書』という呼称を提唱し、『日之本文書』についての研究結果を日之本文書研究会のホームページ（https://hinomoto.jimdo.com）を通じて発表し続けている、久慈氏の『和田家文書』の研究によれば、シュメール系と苗族系との混血である阿毎《あま》族という安倍氏の祖先にあたる一族が、山靼（バイカル湖周辺）、満達（まんだつ、旧満州を中心とした地域のこと）、朝鮮半島から日本海を経由して白山の麓に植民し、縄文系（三内丸山系、亀ケ岡系が南下してきた人々）の人々と混血して白山王朝を成立させたという。そして、阿毎族は加賀の三輪山、白山などを拠点に三輪大神、白山神の信仰を持ち、彼らは近畿地方に移動し、安日彦、長髄彦を王としていた。久慈氏の研究でも、白山神の信仰を持つ阿毎族は朝鮮を経由している。やはり白山信仰は、朝鮮から持ち込まれた信仰と、先住民の信仰が結びついたものと考えられる。

菊池山哉による被差別部落と白山神社の研究についての考察

白山信仰の正体を突き詰めるうえで、菊池山哉の研究についても触れておきたい。郷土史家／民俗学者の菊池山哉は、徹底した被差別部落についてのフィールドワークで知られた人物で、八切止夫も被差別部落に関する研究の中で、菊池の研究を全面的に認めたわけではなかったが、菊池の研究内容の多くを参照していた。菊池は、崇神天皇に葬られた日本の古代王朝を「天ノ朝」と命名した。八切も天ノ朝についての著作を発表している。菊池は、崇神天皇以前の天ノ朝末裔と被差別部落の関係について独自の考察を発表し、また被差別部落に白山神社があることに注目した。さらに、蝦夷征討によって強制的に北日本から連行された人々（俘囚）が住まわされた地域（関東以西の本州・四国・九州）が別所と呼ばれる場所であったと考えた。そして、別所にもまた白山神社が多いことを指摘していた。菊池は、この別所の人々を監視していたのが被差別部落の人々だったのではないかと推察したが、はっきりした確証を見つけることはできなかった。

筆者ははじめ、崇神天皇以前の日本の王朝の人々を「天の朝」という名前で一括りにすることについては、疑問であった。しかし、神武天皇とヒメタタライスズヒメの結婚など、天皇家に出雲族の血筋が合流していたのは確かであり、また出雲族の中にはヒボコ族やスサノオ族と合流した人々も居た。富家の伝承では、スサノオは朝鮮からの侵略者で、出雲族ではないという。出雲を制圧し、出雲族に竜神信仰を捨てることを迫ったスサノオ族は、のちにヒボコ族と合流した。スサノオ族の一部は出雲族と姻戚を結んだが、出雲に長く居住せず、吉備のほうへ移動したという。一部の出雲族はスサノオ族ともヒボコ族とも合流した。出雲の王家である財筋はスサノオ族を出雲族とは見なしていないが、スサノオ族も出雲族とする派閥もあるということなのではないだろうか。その点から見れば、諸部族は完全に統合されていたわけではないが、合流は進んでいたと考えられる。そうして形成された集合体を「天の朝」と見ることはできる。

騎馬民族征服王朝説で有名な考古学者の江上波夫は、崇神天皇の和風諡号「御間城入彦五十瓊殖天皇」の中にある「御間城」とは朝鮮半島の「任那」を意味し、騎馬民族である崇神天皇が、四世紀に任那から九州へ渡ったことを意味しているという仮説を立てた。ただし、朝鮮史などの史記にこのような記録は残ってはいない。あくまで、日本の古墳からの出土品の変化や、記紀と朝鮮神話の類似性などをもとに考えられた仮説である。

しかし、崇神天皇に関する記録を見ると、確かに崇神天皇の時代に大きな転換があったことを示していると考えられるところがある。崇神天皇は、はじめ天皇の殿内に天照大神と倭大国魂神を祭っていたが、のちに天照大神と倭大国魂神を殿内で祭ることを止め、外に出したという。『日本書紀』では、その理由は二神の神威を畏れたということになっているが、本当にそうなのだろうか？

「倭大國魂神」に関して、その実体は諸説あり、主なものは「スサノオの子である大年神の子の大国御魂神と同神」「大国主神」「大己貴神の荒魂」などであり、いずれも出雲系である。

天照大神は、謂わずとしれた天孫族が奉斎する皇祖神である。この二神を殿内から出したということは、天皇家の信仰形態に変化があったことを意味しているのではないだろうか。崇神天皇渡来による変化に伴い、王朝内外で権力構造も変わり「天の朝」の人々が迫害を受けたことが、今日まで続いている被差別部落の成立に関わっているのかもしれない。被差別部落にも別所にも白山神社が多いということは、そこに住む人々に民族的な繋がりがある可能性がある。実際、どちらにも頭部が前後に長い長頭型の人が多く、これは縄文人やアイヌと共通する特徴である。これは、縄文人や出雲系の血が濃い古代の日本人（天の朝）が、別所や被差別部落を構成していた可能性を示している。ヒボコ族が出雲族と交流を持っていたことから考えれば、被差別部落と別所に白山神社が多いことも筋が通る。

白山神社と庚申塔、サルタ彦、馬頭観音の結びつき

また、筆者が関東と東北を中心に各地の白山神社を巡ってみて、気づいたことがある。それは、白山神社の境内、あるいはその周辺に、かなり高い割合で庚申塔が建てられていることだ。筆者が最初に庚申塔に関心を持ったきっかけも、神奈川県川崎市麻生区の白山神社境内の三猿が彫られた庚申塔を不思議に思ったことだった。

庚申塔は、庚申信仰のある場所に建てられている。庚申信仰とは、十干十二支の組合せの一つで、六十日または六十年ごとに巡ってくる庚申《かのえさる》の日に徹夜して眠らず、身を慎めば長生できるという信仰である。元来は道教の三尸《さんし》の説に端を発している。人の体内にいる三尸という虫が、庚申の夜に人が眠るのと、ひそかに天に昇り、天上の至高神にその人の罪を告げる。すると、天上の至高神はその人を早死にさせるというのである。したがって、長生きするためには、その夜は眠らないで身を慎むのである。

猿が庚申の使いとされているため、庚申塔は青面金剛と「見ざる・聞かざる・言わざる」の三猿が刻まれているものが多い。博物学者の南方熊楠は、三猿を従えた青面金剛の像は、ヒンドゥー教の神であるラーマ（ヴィシュヌの化身）とそれに仕える猿神ハヌマーンを表したもので、同じく猿神であるサルタ彦と習合したという説を唱えていた。また、庚申信仰に関するいくつかの著作がある飯田道夫氏によれば、大黒天と青面金剛がいくつかの共通の特徴（三面六臂、憤怒相、手に人像を持つことなど）を持つことなどから、青面金剛の正体は大黒天であるとしている（『庚申信仰』）。

谷戸貞彦氏の『幸の神と龍』によれば、久那斗の大神と幸姫命の女夫神の間に生まれたのがサルタ彦大神であり、この神の家族を合わせて幸の神三神と呼ぶという。猿田彦の長い鼻は、男性器の意味があり、その由縁についてこのように説明している。

幸の神三神の中で、御子のサルタ彦は手伝い役で、純粋の男役は久那斗の大神だった。しかし、性神としての力強さが求められる時には、サルタ彦の出番となった。なぜなら、久那斗の大神は老神のイメージがあり、精力の弱さが懸念されたからだ。

そのために、サルタ彦人形には、勃起末羅がつくことが多い。

サルタ彦が幸の神の一神であり、庚申信仰と結びつくものであるならば、サルタ彦が描かれることが多い庚申塔も、幸の神の性質を持たされていたと思われる。また、大黒天も荒神《こうじん》の一種である。幸は「こう」とも読まれ、荒神は幸の神でもあるとされている。青面金剛が大黒天であるとすれば、この点からも庚申塔は幸の神と考えられる。

また、馬頭観音の石仏も、庚申塔や幸の神のように道沿いや、白山神社の境内に建てられていることが多い。馬頭観音とは、観世音菩薩の化身で、六観音の一つである。馬頭観音の石仏については、馬頭の名称から身近な生活の中の「馬」に結び付けられ、馬の供養塔とされるのが通説である。しかし谷戸氏は、馬頭観音について、この通説とは異なる説明を記している。古代、日本は一夫二・三妻であったため、一生結婚できない男性は多く、男性は女性に乗られたい願いを、女体仏である観音が馬に乗っている馬頭観音に祈ったという。馬頭観音も幸の神と同様、性神の性質を持っているということになる。

馬頭観音

庚申塔の中には、青面金剛ではなく、馬頭観音が刻まれているものもある。馬頭観音の梵名のハヤグリーヴァは「馬の首」の意であり、ヴィシュヌの異名でもある。南方熊楠は青面金剛をヴィシュヌの化身（ラーマ）と説明していたが、馬頭観音もまたヴィシュヌであり、両仏は同じ起源を持つことも、習合することとなった要因かもしれない。

庚申信仰の意味について、吉野裕子も『神々の誕生』に、興味深い分析を残している。干支は、十干と十二支を組み合わせた六十を周期とする数詞である。古代中国の考案で年・日（や方位）を表すシステムで、陰陽五行説とも結び付いて様々な卜占にも応用された。十干すなわち甲《こう》・乙《おつ》・丙《へい》・丁《てい》・戊《ぼ》・己《き》・庚《こう》・辛《しん》・壬《じん》・癸《き》と、十二支すなわち子《ね》・丑《うし》・寅《とら》・卯《う》・辰《たつ》・巳《み》・午《うま》・未《ひつじ》・申《さる》・酉《とり》・戌《いぬ》・亥《い》。これを組み合わせて甲子（きのえね）・

乙丑（きのとうし）等六十種のよび名を作り、年・日などにあてはめるものであり、起源は商（殷）代の中国に遡るという。

吉野は「庚」の意味について、このように述べている。

木火土金水の五気のうち、金気の剛強は自明であるが、「十干表」にみるように、とりわけ「庚」（金の兄）は、「辛」（金の弟）の柔金に対する剛金で、他の何物にもまさって剛（つよ）い。

甲（こう）・乙（おつ）・丙（へい）・丁（てい）・戊（ぼ）・己（き）・庚（こう）・辛（しん）・壬（じん）・癸（き）の十干は、つまり木の兄、木の弟、火の兄、火の弟、土の兄、土の弟、金の兄、金の弟、水の兄、水の弟、ということになる。

十二支同様、十干も植物の栄枯盛衰を象（かたど）るものであるが、「庚」は即ち「更」、「辛」は即ち「新」で、そこにみられるものは旧から新への革新の勢い、つまり更新である。新しいものへの変革には必ず旧いものを断ち切ることが必要とされる。旧を殺（そ）ぎ捨てたところにはじめて新が生まれるわけで、「庚」の基盤にあるものはこの「殺気」である。（『神々の誕生　易・五行と日本の神々』）

「申」も同様に、申月は旧暦の秋七月で金気の始めにあたり、殺気である。「庚申」の干支は六十年に一度、六十日に一度、巡り来る干支で、つねに秋とは限らないが、問題はそれらに内包されている殺気であり、庚申行事の由来は、この金気、即ち「殺気」を防ぐことを目的とするもの以外は考えられないという。吉野は「元来、三尸などはこの金気阻止のために案出された呪物に過ぎず、庚申行事とはその呪術なのである」という仮説を立てる。三尸もまた「告発」即ち「言う」が深く関わり「生を喜ばず死を願う」のも金の特質である「殺気」を示し、三尸の「その主が死んでも自身は永久に残る」という性質も金気であり「殺気」であるという。

「不寝」とは五行配当表の五事においては「視」にあたり「火気」である。庚申の日は、申の七ツから寅の七ツまでの合計七刻不寝で、庚申の祭神、サルタ彦に七種の供饌を供える。このほかにも「七」は各地の庚申信仰に関わる様々な形に登場し、庚申信仰と「七」はきわめて密接な関係にあるという。「七」も「火気」にあたる。さらに、庚申行事では、夜半過ぎに南に向って拝礼するが、南の「火気」である。すべて「火剋金」の理により「殺気」を封殺する。以上が吉野による、庚申行事の分析の概要である。

庚申信仰も「殺気」を封殺し、生の力を持続させるものであるとすれば、白山信仰同様に「豊穣」への願いが根底にあるように思われる。白山神社と庚申塔が重なるのは、きわめて自然なことだったのではないだろうか。

庚申信仰の性質以外にも、白山神社と庚申塔が結びついた大きな要因として、天台宗がある。比叡山の日吉大社は、日本の天台宗の開祖最澄が比叡山延暦寺を創建して以来、天台宗の護法神となった。日吉大社は猿を神使としている。猿田彦信仰は、日吉大社より生じた山王信仰と同じ猿神信仰であり、ふたつは次第に結びつくようになったという。

こうしてサイノカミであるサルタ彦への信仰は、天台宗との関わりを深めた。中尊寺は天台僧である円仁が日吉・白山両権現を勧請し創建された。また、日吉大社の境内には文徳天皇天安二年（西暦八五八年）創建の白山宮がある。これらのことからも分かるように、天台宗を介して白山信仰と山王信仰は結びついていたのである。サルタ彦は庚申尊の一神であり、白山神社に庚申塔が多いのは、天台宗によって白山、山王、庚申が結びつけられたということが大きな要因と考えられるのである。

こうして整理して考えてみて浮かび上がるのは、仏教伝来以前のサイノカミ信仰を持った人々が住んでいた場所に於いて、朝廷側が行った北伝仏教の布教の際に利用されたのが山王信仰、白山信仰、庚申信仰であり、白山神社、日吉神社、庚申塔などはその痕跡である可能性があるということだ。無論、そのすべてがとは思わないが、そういった場所があったはずである。菊池山哉の研究によって、被差別部落に白山神社が多いことはよく知られているが、筆者が調べたところ、山王信仰系の神社仏閣のある、山王信仰の地にもまた被差別部落が多いようである。例えば、関東被差別民の長吏頭・太郎左衛門は、小田原山王原の有力者であった。

聖徳太子と荒脛巾神社のつながり

宮城県多賀城市の荒脛巾神社は、多賀城跡の北東にある、塩釜市の鹽竈神社の末社の一つだが、創建時期は不明である。多賀城は七二四年創建とされる城柵である。民俗学者の谷川健一は「朝廷が外敵から多賀城を守るために荒脛巾神を祀った」「もともと蝦夷の神だったのを、多賀城を守るための塞の神として祀って逆に蝦夷を撃退しようとした」という説を唱えている。塞の神は結界の役割を持つとされているためである。しかし、谷川の説は真実であるかどうかは定かではない。原住民側が創建した可能性もある。むしろ、筆者はその可能性が高いと見ている。蝦夷の撃退が目的であったなら、征討後にもそれを残しておく必要はないのではないだろうか。ともかく、それほど古くから存在していたとも見られている場所である。境内の中央に荒脛巾神社があり、その左手には太子堂、右手には養蚕神社がある。

荒脛巾神社の社殿には数本の男根型道祖神が配されており、道祖神の扁額もかかっている。養蚕神社には、病の根を切るという信仰から鋏《はさみ》が多数奉納されている。前述のとおり、オシラ様は蚕の神でもある。つまり、イシカとホノリが揃って祀られている。

太子堂の前には、聖徳太子と書かれた碑が建てられている。しかし、なぜ荒脛巾神社の境内に太子堂が建てられているのだろうか？　堂の内部には赤い布を被された石像が数体あり、その横にはこけしが置かれている。地蔵菩薩像には赤い前掛けを着せたり帽子を被せることが多く、この石像も地蔵菩薩像と思われる。こけしは、福島県土湯の太

多賀城荒脛巾神社境内の
太子堂

子堂の信仰にちなんだ聖徳太子信仰の一形態で、子宝や病気平癒を祈願して、こけしを太子堂に奉納する形がある。土湯温泉観光協会のホームページには以下の説明が載せられている。

六〇四年に聖徳太子が「国府寺」建設のため、「秦川勝」に自作の御本尊を授けられ東国に遣わしました。しかし秦川勝は成就半ばで病に伏してしまいました。彼が病に苦しんでいると「御本尊」が夢枕に現れ「信夫郡土湯と言う所に温泉有り。ここにて湯治せよ。病癒べし」とのお告げをされたので、秦川勝が温泉を掘って入浴したところ、病気は全快。夢再び現れ「我はこの地に留まりて諸人の病脳苦難を救わん」と告げられたので、この地に聖徳太子の御本尊をお祀りしたと伝えられています。

また、土湯の伝承を伝える、佐藤泰平著『土湯木でこ考』の第三集にはこのように記されている。土湯温泉観光協会のホームページの文はこれを参考に書かれたものと思いわれる。

秦野川勝が（聖徳）太子の命をうけ国分寺造営の為東国に下ることになった。日頃寵愛した待臣の身を案じた太子は、躬ら木像を彫って曰く「川勝よこの木像を我と思い彼の地に携えよ」と、そして木像に太子自身の血を吹きかけ己れの分身として彼に与えた。川勝は、その木像を奉じて東北に旅する内、半身不随の病を得て難渋をしたが、岩代国突湯の里に霊湯のあるを知ってこの地に辿りつき、湯につかった所瞬時にして病快癒し手足が元通り利くようになった。秦野川勝は太子の功徳を彰する為に太子堂を建立し木像を安置し、併せて温泉の霊湯を播めたという。何時の頃からか太子像になぞらへて木のにんぎょうを挽き、太子が己が血を吹きかけたことになぞらって木のにんぎょうに朱色で描いた。それ以来、湯治客がその木にんぎょうを購って太子堂に奉納し湯につかれば病も亦快癒するという縁起が生れた。

土湯村民はみな身体に赤い斑点をもって生れてくるという言伝えがのこっている。赤い斑点ば聖徳太子が己れの血をもって木像に吹きかけ川勝に与えた血潮が、今尚土湯に生わる赤児の身体に復活するのだ、土湯の者はいはば太子の分身でありその為長寿を保っているのだというのである。土湯の古老達、その人達も今は数える程しかいなくなったがその間に於ては信仰的な伝説として遺っている。だが、新しい年代の土地の人々は、このような伝説が残っていることさえ知らないでいるようである。

国分寺造営と聖徳太子は時代が合わないが、土湯温泉観光協会は、国分寺ではなく国府寺としている。『土湯木でこ考』を伝承聞き取りの誤りとしたのかもしれない。

また、聖徳太子信仰は弥勒菩薩信仰と結びつきが深い。仏教史学者の田村圓澄氏は、聖徳太子を出家前の釈迦とし、弥勒とする信仰が七世紀の日本にあったと推定している。六世紀末に末法思想（釈尊の入滅後、年代がたつにつれて正しい教法が衰滅することを説いた仏教の予言、およびそれに基づく思想）が中国で流行し、第二の釈迦である弥勒を末法時代の救済者とする弥勒信仰が広まった。中国から朝鮮へと伝わった弥勒信仰は、厩戸皇子信仰の形で日本へ取り込まれた。出家前の釈迦である悉達太子が聖徳太子と同じ皇太子であったことが作用し、悉達太子＝弥勒菩薩＝聖徳太子という観念連合が生まれたのだという。

聖徳太子信仰の寺でもある、京都市右京区太秦にある広隆寺（真言宗系単立）は、現在の本尊は薬師如来である。しかし、創建当初は弥勒菩薩を本尊としていた。「日本書紀」に、聖徳太子が秦河勝へ仏像を授けた記録があり、これが秦河勝が創建した広隆寺の前身である蜂岡寺の弥勒菩薩像であったのではないかとされている。この弥勒菩薩像は半跏思惟像で新羅風の造りであり、新羅から贈られたものという説がある。

地蔵菩薩もまた、弥勒菩薩と関係の深い仏である。釈迦の入滅後、五六億七千万年後に弥勒菩薩が出現するまでの間、現世に仏が不在となってしまう。その間、六道（地獄道・餓鬼道・畜生道・修羅道・人道・天道）に現れて衆生を救う菩薩であるとされる。このような弥勒菩薩との関係があれば、太子堂に地蔵菩薩が安置されていることは自然なことと思われる。

荒吐族と新羅が協力関係にあった可能性は先に述べた。荒吐族と関わりの深い新羅系渡来人の中には、荒吐族に合流した人々も居ただろう。それゆえ荒吐族の中には、新羅仏教と関わりの深い聖徳太子への信仰心を持つ民も居たと考えられる。多賀城の荒脛巾神社の境内に太子堂があるということは、このような背景があったのだろう。

さらに、詳細な聖徳太子の伝記である『聖徳太子伝暦』の中に、聖徳太子と蝦夷の関係を伺わせられる以下のような記述がある。蝦夷に攻め込まれた敏達天皇が、群臣らと蝦夷征討の計画を議論しているのを太子は聞いており、太子は天皇から意見を求められた。「群臣らの征討すべきという提案は、国を滅ぼすことになるでしょう。まず綾糟（蝦夷の首長）を招き、教えを諭し、同盟を結び、許して彼らの元へ還し、多額の俸禄を与えれば、彼らの貪性（欲）を削ぐことができると思います」と答えたという。

聖徳太子の伝記を絵画化した『聖徳太子絵伝』にも、蜂起した蝦夷を太子が諫める様子が描かれているが、これも『聖徳太子伝歴』の話を基にしたものと思われる。

このように蝦夷に対し融和的な姿勢を取っていたとされる聖徳太子は、朝廷側の人間であっても荒吐族から尊敬の念を集めていたとしてもおかしくはない。それ故、荒吐族の大切な信仰の場である荒脛巾神社境内に太子堂が建てられているのではないだろうか。


また、太子堂のすぐ側には「四天王神　水神　風神」と書かれた石碑がある。これらの神々が合祀されているように見えるが、別の見方をすることもできる。イシカには風神の性質があり、ホノリには水神の性質がある。風神は荒脛巾神社、水神は養蚕神社を意味すると考えると、太子堂は四天王神に対応しており、つまりこの石碑は、この境内の三社の性質を説明するものなのではないだろうか。四天王は仏教における天部の仏神で、毘沙門天、持国天、増長天、広目天の四仏神である。東洋史学者の宮崎市定は、毘沙門天はもともと胡語でミトラを意味しており、他の三天王もミトラの分身であると説明している。この説からすれば、この太子堂はミトラの性質を持っているということになる。有名な大阪の四天王寺が聖徳太子建立の寺であることからもわかるように、聖徳太子はミトラ信仰も持っていたのである。

さらに、この石碑の側には「妙見神社」の石碑もある。東條氏は「日本には、陰陽道と仏教をとおして断片的にミトラ教の知識が持ち込まれた。これらは、陰陽道・修験道・仏教の中で醸成融合し、妙見信仰や摩多羅神の秘儀を成立させた」と説明している。妙見神社は、同じ性質を持つものとして、この場所に合祀されたのかもしれない。

筆者が、多賀城と同じ宮城県の大崎市岩出山にある荒脛巾神社を訪れてみて気づいたことがある。岩出山の荒脛巾神社は水田地帯にポツリと建っているのだが、この神社から最も近い神社仏閣は天王寺であった。荒脛巾神社からは一キロも離れていない。天王寺の案内板には「推古天皇の時代（五九三）に、我が国の四か所に建立された四天王寺の一つであると伝えられている」とある。創建時の七堂伽藍は焼失し、その後藤原秀衡によって再建され、運慶作の聖観音像と聖徳太子像が安置された。しかし明治三十八年に再び火災にあい、聖観音像と聖徳太子像を失った。現在は室町時代に作られた如意輪観音半跏像と四天王像が安置されている。この場所もまた、多賀城の荒脛巾神社同様、四天王信仰と聖徳太子信仰の場なのである。この天王寺もまた、荒脛巾神社と無関係ではなく、意図があって荒脛巾神社の近くに建てられたのではないだろうか。

しかし荒吐族の中に聖徳太子信仰があったとして、多賀城の荒脛巾神社の境内に太子堂があり、岩出山の荒脛巾神社の近くに天王寺が建てられているのはなぜか。これについて仮説を立ててみる。

荒吐族の信仰体系に準えて見ると、荒脛巾神社は父なるイシカ、養蚕神社は母なるホノリに対応している。そうして見ると、太子堂は生生流転（運命）を司るダミに対応しているのではないかと思われる。聖徳太子信仰の一部は弥勒菩薩信仰と習合している。先に記した「ミトラ密儀参入者が唱える言葉」は、ミトラに対しての祈りへ再生（転生）の願い込めているようだ。ダミと同様、ミトラにも生生流転を司る神としての性質があるということである。さらには、敏達天皇へ蝦夷との融和策を提言した聖徳太子は、完全に蝦夷を救うことはできなかったとしても、一時的には蝦夷の命を救ったと言える。蝦夷の運命に大きく関わったのである。それ故、荒吐族は弥勒菩薩と聖徳太子の中にダミと同じ性質を見出し、太子堂を荒脛巾神社の境内に創建し、ダミ信仰と習合させたのではないだろうか。

また、菊池山哉は別所には薬師如来を本尊とする場所や薬師堂が多いと報告していた。これは、朝廷側による蝦夷に対する折伏の際、特に慈覚大師円仁が薬師信仰を広めたため、薬師信仰を持った蝦夷が強制移住させられた場所が別所であったためと考えられる。奥州藤原氏三代ゆかりの寺として有名な中尊寺は慈覚大師が開基であり、境内には薬師堂があり、さらには白山神社も存在する。東北の地での、薬師信仰と白山信仰の関係の近さの現れであろう。

薬師信仰は聖徳太子信仰との関連も深い。広隆寺や法隆寺など、多くの聖徳太子ゆかりの場所に薬師如来が祀られている。さらに、聖徳太子を中国の天台宗二祖の一人である慧思の生まれ変わりとする説があり、慈覚大師はこの説を語っていた記録がある。東北には聖徳太子信仰が根付いていたため、円仁が聖徳太子と関わりの深い薬師信仰を広めやすい状況があったのだろう。荒脛巾神社境内に太子堂の中には「め」と彫られた石堂もあり、これは薬師信仰の一形態である「目治薬師《めなおしやくし》」と思われる。さらに、かつてアラハバキを祀っていた青森県藤崎町の荒磯崎神社は、現在は薬師神が祀られている。蝦夷の中には、アラハバキと薬師に対する信仰を同時に持っていた人々が多かったと思われるが、それは聖徳太子の存在によって結びつけられていたのだろう。

ミトラ教の原型

アラハバキ神とも、幸の神とも、白山信仰とも多くの共通点のあるミトラ教だが、それではそれらすべての根源はミトラ教であったということなのかといえば、まだ考察と検証を重ねなければいけないだろう。

東條氏は「ヘレニズム化されたエジプト宗教の儀式・呪文・讃歌を集めた文書である『ギリシア語魔術文書』にユダヤ教、ミトラ教、グノーシス派と共通する要素が多く見出せ、東方へヘレニズムで生まれたものがエジプトのアレクサンドリアに渡ったことを示している」と説明している。

先にミトラ密儀について触れたが、ミトラ密儀の「死と再生」というテーマは、エジプト神話の「イシスとオシリスの伝説」を想起させられる。

女神イシスは兄であるオシリス神と結婚する。オシリスは弟神セトの奸計《かんけい》によって殺され、オシリスの遺体は十四の部分に切断してしまう。遺体はエジプト中に捨てられたが、イシスがそれらを拾い集めて繋ぎ合わせた体（男性器は魚に飲み込まれてしまい、イシスは黄金でそれを作成し替わりとした）を秘儀により復活させたが、不完全な体だったため現世には留まれなかった。そうしてオシリスは冥界の王として蘇る。

フランスの国立学術研究所のJ・ブリュシェは大ピラミッドの内部構造に注目し、単なる墓にしては複雑すぎるとして王墓説を否定し「大ピラミッドが墓でないとしたら、それは〝墓に似せたもの〟であり、おそらくは死者の儀式に関する秘密を隠すためのものであったろう。つまり、大ピラミッドは〝儀式を行うための場所〟だったのである」と主張した。ブリュシェは、大ピラミッドの「王の間」や「大回廊」「通気口」などは、すべて新しいファラオの即位のための、様々な秘密の儀式のために用意されたという仮説を打ち出した。その儀式は「イシスとオシリスの伝説」にならった「死と復活を象徴する儀式」であり、一度死んで、イシスとオシリスの息子であり、現世の王であるホルス神としてよみがえるというものであったという。古代エジプトのファラオたちは、このホルス神と同一視されていた。

実際にこのような儀式が行われていたとはっきり立証できるような記録はほとんど残されてはいない。しかし、儀式の内容がこうした死と復活を象徴するようなものであった可能性につながるものが、古代ギリシャの信仰の中に残されているという。

古代ギリシャや古代ローマの神話は、古代エジプトの神々が取り入れられたものであるということは、よく知られている。そのひとつ、ギリシャ人が「セラピス」と呼んで信仰した神は、プトレマイオス朝時代（紀元前四～前一世紀）に、エジプト人とギリシャ人の両方に受け入れられるよう、オシリスと「アピス（聖なる雄牛）」を融合させて作られた神であったといわれる。セラピス神殿で行われる秘儀には、小秘儀と大秘儀があり、大秘儀に参入するためには、神殿の地下にある聖堂で肉体的・精神的な試練を受け、それらを克服しなければならなかった。

オシリスの妻イシスも、豊穣の女神「デメテール（レア）」に姿を変え、ギリシャで信仰の対象となった。エレシウスに、この女神を祀る大きな神殿があり、そこで行われた秘儀も、セラピスの秘儀と同様に小秘儀と大秘儀があった。男の祭祀と巫女によって、豊穣を願う神話劇が演じられたらしい。そこで両者が「結婚する」ことによって、穀物の芽吹きが暗示されたという。

ミトラにもイシスと同じように、豊穣の神の性質がある。フランツ・キュモンは『ミトラの密儀』の中でこのように記している。

アヴェスターの中では、ミトラは天の光の精霊である。彼は日の出の前、岩山の頂上に現れ、日中は、四頭の白い馬に引かれた戦車に乗って広大な天空を踏破し、夜が来てもなお、ほのかな輝きをもって地上を照らす。彼は「常に目醒め、常に見守る」。彼は太陽でも、月でも、星でもないが、その「千の耳と一万の目」の力で世界を監視する。ミトラがすべてを聞き、すべてを見つける。彼は全知であり、何者も彼を欺くことはできない。当然の成り行きによって、彼は理論上、真実と忠誠の神、誓約の際に祈願され、契約を保証し、誓いに背いた者を罰する神となった。

光は闇を払って地上に喜びと生命をもたらす。光にともなわれる熱は自然界を豊穣にする。ミトラは「広い牧場の主」であり、そこを肥沃にする。「彼は成長をもたらし、豊穣をもたらし、子孫に生命とをもたらす」。彼は水を注ぎかけ、植物を発芽させる。彼は彼を崇める人々に健康、財産、天分豊かな子供を得させてくれる。なぜなら、彼は物質的な利益ばかりでなく霊魂の資質をも司る者だからである。

また、ホルスとミトラには、多くの共通点がある。ホルスとミトラの両神はともに、十二月二十五日に誕生、十二人の弟子を持ち、奇跡を行い、埋蔵後三日目に復活したという。また、ともに処女から生まれたという説もあるが、ミトラについては神話学者のジョーゼフ・キャンベルがこの説を唱えていた。しかし、出典は明らかではないという。

この両神の共通点からは、イエス・キリストが思い浮かぶが、キリスト教はミトラ教から教義と体系を剽窃して確立したといわれている。

キリスト教がローマ国教に定められたのはテオドシウス一世治世の三八〇年だが、それ以前にコンスタンティヌス大帝は三一三年に、ローマ帝国民の信教の自由を保障する宣言であったというミラノ勅令を発布した。この勅令は、キリスト教のローマ国教化への布石だった。コンスタンティヌス大帝は、拡大するキリスト教を取り込んで利用しようとしたという。イスラエル十二支族のうちベニヤミン族のユダヤ人で、キリスト教徒を迫害する立場だったパウロ（イエスには一度も会ったことはない）は、のちにキリスト教徒へ転身し、イエスの教えをキリスト教の教義として再構築し『新約聖書』の中核的な文書となる「パウロ書簡」を残した。コンスタンティヌス大帝は、信者が増えて教義をめぐって対立が起きていたキリスト教の教義の統一のために「ニカイア公会議」を開いた。これにより三位一体説を主張する「アタナシウス派」は対立する「アリウス派」を追い落とした。『新約聖書』二十七篇に収録される文書は「アタナシウス派」の指導者アタナシウスにより編纂され、その編纂にはコンスタンティヌス大帝の意向が働いた。こうした過程の中で、ミトラ教の教義もキリスト教に取り込まれ、ミトラ教の信者も吸収していったという。

真言宗はミトラ教からの影響が大きいという説があるが、空海はキリスト教ネストリウス派である景教を学んでいたという。真言宗は、景教を通してミトラ教の影響を受けた部分もあるだろう。

話をエジプトとミトラ教の関係に戻そう。「イシスとオシリスの伝説」とミトラ密儀の共通のテーマである「死と再生」と、ホルスとミトラの多くの共通点から、エジプト神話とミトラには深いつながりがあるのではないかと思う。東條氏の説明のように、へレニズムからエジプトへ、ミトラ教が伝わったのかもしれない。しかし、逆にエジプトからヘレニズムへの流れであった可能性もあるように思う。

東條氏によれば、紀元前四〇〇〇年ころ、中央アジア（現在のカザフスタン）にインド＝イラン系民族の先祖がアフラミトラ（バガミトラ）という神を崇拝していた。アルタイ系民族の神という可能性もあるという。紀元前四〇〇〇年ころにミトラの原型があったとすれば、従来の学説からすればエジプトの神話よりもミトラの登場は古いということになるかもしれないが、先に述べたように、エジプト文明のはじまりは、従来の学説より遡る可能性がある。

断定はできないが、筆者は「イシスとオシリスの伝説」とホルスの存在が、ミトラの形成に大きな影響を与えている可能性があると考える。

このことに関連する内容が、東條氏による「ミトラ教マギの伝説的な師であるザラタス」についての解説の中にある。アリストテレスの弟子アリストゼノスによる記録について、東條氏はこのように述べている。

一見すると、父母、あるいは光と闇という二元論に見えるが、よく読むと、調和という第三の原理があり、実際は、光、闇、調和という三つの原理を立てていて、第三原理が最上位の原理になっていることが分かる。このような三元論は、プルタルコスの伝えるペルシア神話にも見ることができる。プルタルコスは、ホロマゼスとアレイマニオスの間にはミトラがいると記しているからである。この発想がさらに深化すると、『ケウル－ミトラ聖典』の「ダウル記1」や「ダウル記2」のミトラ神話になる。『ケウル－ミトラ聖典』の「西方ダウル記2」の両性具有のミトラは、三つの原理をミトラ一柱にまとめたものである。

ギリシア哲学では、プラトンやピタゴラスもそうだが、万物を調和させるものは、友愛（エロス）である。このエロスをペルシア語に直すと、ミトラになる。そして、ミトラは太陽神である。このように、カルデアのザラタスが説いていることはいずれも、ミトラ教の基本となる思想である。

父と母と調和の原理を、エジプト神話に置き換えて見ると、オシリスとイシスとホルスとなるだろう。日本にも「子は鎹《かすがい》」という言葉があるが、父と母の要素を同居させ、調和させているのが子である。ミトラは時に調和の原理の象徴であり、また時には三つの原理をまとめた象徴でもあると考えられる。しかし、エジプト神話からミトラが形成されたのではなく、エジプト神話とミトラ像の共通の原型が、どこかに存在する可能性も考えられる。

近代フリーメイソンリーへのミトラ教からの影響

フリーメーソンリー（近代フリーメーソン）は、ミトラ教から強く影響を受けているという。フリーメーソンリーとミトラ教の関係について書く前に、簡単にフリーメーソンリーについて説明しておく。フリーメーソンリー（正式名称は「Free and Accepted Masonry」）の起源については様々な説がある。本当の起源や前身となった組織については諸説あるが、このフリーメーソンリーは、その歴史は一七一七年にイギリスで始まった。フリーメーソンリーは、教義の伝達のために様々な神秘主義由来の象徴や神の姿を用いるが、宗教団体ではなく、友愛結社であり、一般社団法人でもある。フリーメーソンリーの象徴体系はエジプトの宗教も参考に作られた。エジプト人は宇宙を唯一神による意識的な創造物と見なしていた。そして、動物の頭をした人間などで、神の様々な特性を彫刻などに表現した。それは「ネテル（聖性）」という、唯一神の属性を具現化したものだった。エジプト人は物事の精神的な解決を求めたときに、こうした偶像を求めたという。フリーメーソンリーの象徴体系も、そのようなものと考えられる。

ミトラ教はローマ帝国で広まっていたため、ローマ帝国のブリタニカ進行の際に、イギリスへミトラ教が伝わった。そのことが、フリーメーソンリーの教義の素地にあったようだ。しかし、フリーメーソンリー結成から二〇〇年以上経ったのち、「メーソンの黒い教皇」と呼ばれるアルバート・パイクは、フリーメイソンリーの儀式の改訂に取り組んだ。その際にミトラ教から取り入れられた要素もあるかもしれない。フリーメーソンリーは現代にはっきりとミトラ教の一部を伝えている組織であるため、フリーメーソンリーを知ることは、ミトラ教の理解に役立てることができる。

マンリー・P・ホールの著書『古代の密議』には、ミトラ教（ミトラス教）からフリーメイソンリーへの様々な影響について記されている。その箇所を紹介する。紹介の前に補足しておくと、ミトラは獅子の顔で、蛇に巻きつかれた姿で描かれる場合もあるのである。

獅子の顔を持つミトラ

「マスター・メーソン」の位階で「獅子」とか「獅子の爪で把むこと」という言及があるが、ここにははっきりとしたミトラス教の影響があり、この宗教に起源を持つということがたやすく言えるだろう。七つの段階を持つ梯子もまたミトラス教の儀礼のなかに表われる。フェイバーの見解によればこの梯子は元来七段のピラミッドであった。フリーメーソンの梯子も七段であるが、元来ミトラス教の象徴であったらしい。ミトラスの教団には婦人は決して入門できなかった。だが男の子は青年に達するずっと前に加入儀礼を受けていた。フリーメーソンの結社も女人禁制であるが、これはミトラス教の秘密の教えに基づく秘教的な理由があってのことかもしれない。秘密結社にあっては、太陽と太陽が天界の十二宮を遍歴することを象徴する伝説があり、この宗教はそのきわだった例を示している。ミトラスは石から半分姿を現わすが、これは地平線上を上昇する太陽、もしくは古代人が考えたように春分点で地平線から昇ってくる太陽を表している。

ジョン・オニールはミトラスが太陽神であったという理論を展開している。『神々の夜』のなかで彼はこう書いている。「アヴェスタのミトラは光のヤツァタ（霊）であり、『一万の目を持ち、高く、全知全能（ペレトゥヴァエダヤナ）で、力強く、眠りを知らず、常に目覚めている（ジャガウルヴァウングヘム）。』最高神アフラ・マツダも一つ目であった。だが『彼の目である太陽・月・星を使って一切を見る』とも言われている。ミトラがもともと太陽神であったというよりはむしろ最高の天神であったという説こそ、あらゆる要求に答える唯一の理論である。『フリーメーソンの一つ目』と『ヌンクァム・ドルミア』（私は決して眠らず）の起源がここにあることは明らかであろう。

フリーメーソンリーは、よく謎の秘密結社といわれているが、その教義については、フリーメーソンリーが公式に、書籍やインターネットサイトで多くの部分を公開している。東京の芝にあるフリーメーソンリー日本グランドロッジには、折れた柱の後ろで男女が寄り添う大きなレリーフ型のエンブレムがある。このエンブレムの意味の詳細な解説が、カナダのブリティッシュコロンビアアンドユーコンロッジの公式ホームページに載せられている。要点を以下に掻い摘んで説明する。

■左の女神はレアー（ギリシア神話に登場する大地の女神）、右の男神はクロノス（ギリシア神話に登場する時間の神）である。レアーはイシス、クロノスはオシリスに対応している。

■レアーが右手に持っているのは常緑種であるアカシアの小枝であり、それは永遠の命の象徴である。左手に持っているのは骨壺である。

■折れた石柱の上で泣くレアーは、太陽が冬の合図（冬至）により殺害されたという悲しみを示す。

■クロノスはレアーの後ろに立ち、彼女の巻き髪を手に取り、それを数えている。それは、時間が悲しみを癒す、時が経てば太陽は復活し、暗闇に勝利し、彼女を抱擁するということを示している。

■これはソロモン神殿造営の監督ヒラム・アビフの伝説のエンブレムであり、愛する友人の損失と、愛情の雄弁な表現の説明だけではなく、魂の不滅性の象徴でもある。

ソロモン神殿造営の監督ヒラムの伝説について、補足を書いておく。ある三人の職人が秘密の合言葉を無理矢理聞き出そうと、ヒラムに迫った。ヒラムは断ったので、三人はヒラムを殺し、遺体を埋めてアカシアの葉で目印を付け、逃亡した。ヒラムの行方不

フリーメーソンリー日本グランドロッジのレリーフ

明を聞いたソロモン王が捜索させると、このアカシアの葉のあった場所から、ヒラムの遺体が発見された。これが証拠となり、三人の職人は処刑された。ヒラムの遺体は死後十四日を経過していたが全く腐敗しておらず、「ライオンの握手法」という秘儀によって再生することができたという。

公式ホームページの説明では触れられていないことだが、このエンブレムは、フリーメーソンリーの教義の中でも重要な要素であるカバラとも対応していると思われる。カバラに於ける「セフィロトの樹」では、左の「柱」は「峻厳《しゅんげん》の柱」と呼ばれ、女性的／受動的な力を表し、右の「柱」は「慈悲の柱」と呼ばれ、男性的／能動的な力を表す。ソロモン神殿の「ヤキンとボアズの柱」は、フリーメーソンリーの施設には必ずあるといわれる。左がヤキン、右がボアズ。二元性の象徴だ。「ヤキン」と「ボアズ」の意味は諸説あるが、いずれも「峻厳の柱」と「慈悲の柱」の関係と同じく、二項対立を意味している。このエンブレムの左に女性、右に男性という配置は、「セフィロトの樹」に対応している。そして、「セフィロトの樹」中央の柱は「均衡の柱」と呼ばれる。

哲学者の大沼忠弘氏は「ヤキン」と「ボアズ」についてこのように説明している。

この門は、右の白く輝く円柱と左の黒く静まる円柱から成っている。これはソロモン王の神殿を守護していた「ヤッキン」と「ボアズ」と呼ばれる円柱であり、その門に入り、日本の円柱の間に立つことは、光と闇、陽と陰、善と悪といった両極の中央に立つことであり、自分を「中央の柱」にすることに他ならない。（『実践カバラ』）

マンリー・P・ホールによれば、フリーメーソンリーの三位階であるマスター・メーソン（建設者の棟梁）の参入儀式の重要部分はヒラム伝説に関わるものであるという。その点から見ると、このエンブレムはマスター・メーソンと関わりの深いものと考えられる。エンブレム中央の折れた柱は、殺されたヒラムの寓意であり、柱に乗せられた本は、再生の秘儀を表していると解釈できる。マスター・メーソンへの参入者は、ヒラムの復活を意味する儀式を通じて、マスター・メーソンである新しい自分の再誕を経験することとなるのではないか。

そして、マンリー・P・ホールはフリーメーソンリーの起源はミトラス教にあると説明しているが、このエンブレムからもまた、ミトラス教と深い関係が読み取れる。東條氏は、ミトラは「光、闇、調和という三つの原理」を、両性具有であるミトラにまとめたと説明した。その点から考えると、このエンブレムはミトラの持つ性質を、より理解しやすい形（レアー、クロノス、ヒラム）に分離させて表したものなのではないだろうか。そしてレアーとクロノスがただ立つのではなく、寄り添っている姿は、二極性の調和を表していると解釈できる。

フリーメーソンリーのエンブレムと日本の古代信仰の共通の形

調和の象徴として、男女が寄り添う絵が表出したことは、注目すべき点である。これは、サイノカミと同じ形である。サイノカミの中には、女夫神像と呼ばれる、男女が寄り添う姿のものもある。双体道祖神とも呼ばれる。そして、これらの女夫神像は大抵、左に女神、右に男神という配置となっており、男神のほうは槍や矛などの刃物を持っているものが多い。信州は特に女夫神像が多い場所のようだ。このように、フリーメーソンリーのエンブレムと同じ特徴を持っているのである。さらに、女夫神像の中にはアメノウズメとサルタ彦の組み合わせのものも存在するが、アメノウズメはレアーと同じように手に葉（千草）を持ち、もう片方の手に玉を持つ姿で描かれる神である。エンブレムの中のレアーは玉を持っていないが、レアーの姿を描いたものの中には、手に玉を持つ姿のものもあるのである。サルタ彦も手に刃物(槍)を持つ。クロノスも手に刃物(鎌)を持つ。こうして見ると、フリーメーソンリーのエンブレムとサイノカミは同じもの(二極性の調和)を象徴しているようにも見えるのである。古事記では、天岩戸《あめのいわと》に引き籠っていた太陽神アマテラスを、アメノウズメは桶を踏み鳴らし、胸をさらけ出し、裳の紐を陰部までおし下げて踊り、天岩戸からアマテラスを再び引き出した。エンブレムの

玉と葉を持つ女神と刃物を持つ夫神

中のレアーと同じく、太陽の再生に関わる存在である。谷戸貞彦氏は、アメノウズメは出雲族（サルタ彦）と交じり合った秦氏を示していると説明している（『幸の神と竜』大元出版）。

ミトラを元にしたエンブレムと、アラハバキ神の一形態ともいえる双体道祖神がこのようによく似た姿となるのはなぜか。一つ考えられるのは、この二極性の調和の象徴は、エジプトが共通の起源であるということ。東條氏の説明にもあったように、ミトラ像の形成の過程でエジプトからの影響があった可能性はある。荒吐族も、出雲族と同じくサイノカミ信仰を持つ。ドラヴィダ人は、エジプトと交易を行っていた記録があり、エジプトから文化的な影響を受けた。斎木雲州氏は出雲族のルーツはドラヴィダ人としている。

しかし先に述べたように、文化の伝播の流れは、まだ確実には判っていない。ミトラとアラハバキ神のどちらかが、もう片方の起源なのかもしれないし、エジプト、またはシュメールのどちらでもない何かが、共通の起源なのかもわからない。現時点では、ミトラとアラハバキ神の類似性を指摘するところまでに留め、今後の「文化の伝播」についての研究を注視していきたい。

アトランティス大陸に関するアカデミックな研究と正統竹内文書の雑伝

補足を少し付け加えておきたい。マンリー・P・ホールは『古代の密議』の中で、アトランティス大陸について触れている。『一九一五年六月三十日閉会のスミソニアン研究所評議会年次報告書』に出ている、フランス科学アカデミー会員／同国地質図部長のピエール・テルミエが一九一二年に海洋学研究所で講演した内容のメモについて紹介している。それは地質学、地理学、動物学上のデータをもとに、アトランティスの実在を認めるものであるという。この説を紹介したうえで「世界のさまざまな聖なる書物のものといを形づくる偉大な宇宙論的神話は、そのほとんどすべてが『アトランティスの密議』の祭典を基礎とするものである」としている。現代でもフリーメーソンリーの多くの会員の間で、マンリー・P・ホールの著作は読まれているという。フリーメーソンリー会員の中には、アトランティス大陸実在論はかなり浸透していると思われる。

正統竹内文書の雑伝にも、「アー大陸」と「ウン大陸」という、超古代文明の大陸の伝承があるという。それがアトランティス大陸についてであるかはわからないが、日本にある伝承でも、このような話があるのだ。アトランティス大陸というと日本では荒唐無稽な話と思われがちだが、アカデミックな機関でも研究が続けられているテーマである。アトランティス大陸実在論の検証まで広げてしまうと、それだけで一冊になるようなものなので、今回はこの程度の補足とする。

第5章　隠された近代史の解明

南朝、異形の王権とまつろわぬ民

鎌倉時代半ばの寛元四年（一二四六年）、後嵯峨天皇の譲位後に、皇統は皇位継承を巡って大覚寺統と持明院統に分裂した。そこで鎌倉幕府の仲介によって、大覚寺統と持明院統が交互に皇位につく事（両統迭立）が取り決められていた。その後、後醍醐天皇と足利尊氏の対立がきっかけとなって、朝廷は北と南に二分されることとなった。

鎌倉幕府の武家政権による国政の時代、大覚寺統の後醍醐天皇は、天皇中心の政治を取り戻そうと、鎌倉幕府に不満をもつ武士たちの力を借りて倒幕を成し遂げたという。中国の皇帝の冠を被り、天皇の立場にあって、自ら密教の行者としてしばしば祈祷を行った後醍醐天皇は、しばしば異形の天皇とも呼ばれる。倒幕活動に貢献した、出自も地位も異なる様々な身分の人々を後醍醐は登用し、新政に参画させた。歴史学者の網野善彦は、この後醍醐天皇が主導した政権（建武の新政）を「異形の王権」と称した。吉田大洋によれば、建武の新政の立役者として有名な楠木正成は、河内国の散所の長であり、サンカの頭目であったという。建武政権を構成した武家は、新興武士と鎌倉幕府から離反した旧来の武家の二つに分けられる。この新興武士たちには海賊出身者なども含まれ、明確に武士とはいえないものが多かったようだ。

倒幕、そして天皇中心の政治を取り戻すという大きな目標を達成するために、自らも密教を修し、密教勢力や山の民も取り込み、とにかく味方につけられるものは引き入れる。こうした流れの中で、憂き目を見続けていた「まつろわぬ民」は光を当てられた。そして、南朝は「まつろわぬ民」と密接な関係を持ち続けることとなったのだろう。

南朝皇統のもう一人の天皇

高橋五郎氏は『美しきペテンの島国』の中で、南朝の血をひく天皇について大変興味深い内容を記している。

明治元年（一八六九年）十月十八日付けのニューヨークタイムズは「日本には二人の天皇がいる」という特派員の記事を掲載している。また当時の米国公使ロバート・ヴァン・ヴォールクンバーグは本国への報告の中で「今や日本には一人の将軍に代わって二人のミカドがいる」と書き送り、外交交渉はどちらのミカドと行うべきかと相談している。つまり、明治天皇とは別の、もう一人の天皇が存在していた。高橋氏は、そのもう一人の天皇の子孫である小野寺直氏を取材し、記事をまとめた。その概要は、このようなものである。

かつては倒幕のために共闘した後醍醐天皇と足利尊氏だったが、鎌倉幕府滅亡後、政局の混乱の中で、袂を分けた。倒幕後の恩賞の不公平から不満をためた武家に後押しされる形で、足利尊氏は兵を挙げて京都へ攻め入り、後醍醐天皇は、楠木正成や新田義貞らとともにこれを迎え撃つ。激しい戦いを経て、足利尊氏は京都を占拠。後醍醐天皇はかろうじて京都を脱出し、南へと下る。そしてこの前後の一連の戦いの中で、後醍醐天皇は最も信頼すべき部下であった楠木正成や新田義貞などの優秀な武将を失った。

この戦いののち、足利尊氏は後醍醐天皇の大覚寺統とは対立する持明院統の後伏見天皇の第二子を光明天皇として擁立し、京都に新たな朝廷である北朝を開いた。

一方、命からがら京都を逃れ南に下った後醍醐天皇は、吉野に居を移して京都にいる天皇の存在を否定し、自分たちこそが正統な朝廷であると宣言し南朝を開いた。

後醍醐天皇が京都を脱出する際に、実は足利尊氏から和睦を申し込まれたが、その和睦の条件は三種の神器の譲渡だった。後醍醐天皇はやむなくこれに従った。

しかし、吉野に下った後醍醐天皇は、足利尊氏に渡した三種の神器は真っ赤な贋物であり、本物は今も自分が所有していると宣言した。そして、その後、北朝は何度も三種の神器を取り戻そうと画策した。

やがて、北朝側は内部分裂を起こす。足利尊氏の弟で主に政務をまかされていた直義《ただよし》と、尊氏の片腕として軍務をまかされていた高師直《こうのもろなお》が激しく反目。幕府は二つに割れた。直義は抗争の過程で高師直を討ち取り、一時優勢に立つかと思われたが、その後次第に劣勢となり、直義は敵方の南朝へ寝返った。

以降、北朝と南朝の対立は、双方の陣営の重要人物が敵に寝返ったり内通したり、三つ巴、四つ巴の複雑怪奇な様相となるが、足利義満の仲介により、北朝と南朝は手打ちとなり、南北朝が合体。しかし、このときの和睦の約束がのちに反故されたとして、南朝が反旗を翻し分裂。この後、分裂と混乱の時代は、六十余年もの長きにわかり続くことになる。

長禄元年（一四五七年）、南朝の後裔とされる自天皇《じてんのう》が赤松氏によって討ち滅ぼされることによって、南朝の皇統は途絶え、南北朝の動乱の時代は終焉を迎える。

しかし、小野寺直氏によれば、この時、本当は自天皇は殺害されておらず、東北の地へ身を隠したという。足利義教《よしのり》を暗殺した罪で滅亡した赤松満祐《みつすけ》の遺臣たちは、長い間赤松氏の再興を夢見ていた。持明院方から南朝に奪われた三種の神器を取り戻してくれば、お家の再興を許そうという話に、彼らは飛びついた。

しかし、この時の「自天皇を討ち取り、三種の神器を取り戻した」という彼らの自己申告は、他の記録ではほとんど裏づけることができない。彼ら赤松氏の残党は私兵であり、正規の兵ではなく、彼らの証言の信憑性は低い。彼らの証言と真逆の内容を、持明院統側の最高責任者である九条関白藤原経教《つねのり》の子で、大和の興福寺大乗院の門跡であった大僧正教覚《きょうかく》は『安位寺殿日記』の長禄二年（一四五八年）四月十六日の条に記している。

―神璽ノ事、先年内裏焼失ノ時、賊人之ヲ取リ今ニ出現セズ。然ルニ今春ニ宮ヲ川上ニ於テ打チ奉ル後、一宮ハ奥ニ引籠ラレル。神璽ニ於テ者川上ノ母公ノ所ニ預ケレバ、此ノ段、小川弘光存知セシメテ悪党盗人取了。

ここにある一宮とは自天皇のことであり、このように大僧正教覚は、公的な記録に長禄二年に一宮は存命で「奥ニ引籠ラレル」と記している。

持明院統側も、赤松氏の証言を額面どおり受け止めれば、南朝は断絶し、三種の神器も取り戻したと喧伝できる。持明院統側と赤松氏の思惑は一致していた。

一宮が引籠った「奥」とは、例えば醍醐寺の座主であった満済《まんさい》の『満済准后《じゅごう》日記』に

〈奥ノ小野寺上洛仕〉（応永三十四年八月十日）や〈奥ノ下国ト南部弓矢ニ〉（永享四年十月二十一日）などと書かれているように、陸奥や出羽を指している。つまり一宮は東北に身を隠した。

自天皇は、雄勝《おかち》陸奥守とも号した千福屋形小野寺中務少輔家貞のもとに身を寄せ、その娘を娶った。そして自天皇は出羽の四隣を平定し、武府方より出羽王と呼ばれるようになった。

自天皇はやがて一子をもうけ、この皇子はやがて南帝（後招慶院）として即位する。のちの応仁の乱では西軍の陣営として参戦したことが、当時の位の高い僧侶の日記などに記されている。もう一人の天皇の存在が、当時は事実として広く認知されていたことが、それらの記述からもよくわかる。

新たに天皇が即位するとき、三種の神器を先代から譲り受けることにより、新たな天皇が正統な皇統であることが証明される。北朝がやっきになって奪い取ろうとした三種の神器は、じつは所在そのものがはっきりしていない。現在、皇居に存在する三種の神器は「形代」と呼ばれるもので、「形代」は儀式の際に本物の代わりに使用するものである。「形代」には神の御霊が宿っているとされているが、本物と同じ形をしている必要はないらしい。これまで誰も本物を見たことがないので「形代」が本物に似ているかどうか確かめようがない。

本物の八咫鏡は伊勢神宮に、雨叢雲剣は熱田神宮にあるとされるが、誰も本物を見たことがない。伊勢神宮の八咫鏡は、密閉された箱の中に収められており、二十年の一度行われる式年遷宮の際には、箱の上から白布で多い、人目に触れられぬよう夜中に運ばれる。雨叢雲剣は異説があり、平家滅亡の折、壇ノ浦の戦いに破れた平家方の二位の尼が、幼き安徳天皇を抱いて海に身を投げ、そのとき雨叢雲剣も海中に没してしまった。現在では失われた雨叢雲剣は「形代」であると考えられているが、失われた剣は本物であると主張する専門家もいる。しかし、神事を執り行う天皇陛下でさえ、三種の神器の実物を見ることは許されないとされ、どの説が正しいか正しいか確かめる術はほとんどない。実物の鑑定や検証ができない以上、どこにあるのが本物なのか確かめようもなく、ひょっとすると本物がそこにあるのかどうかさえ疑わしい。

南朝の正統な血筋を引くという小野寺氏は、氏が所有する三種の神器の鑑定や調査を公的な機関や専門家に依頼している。

東北地方は古代から金や銀が大量に採取されており、南朝皇統の経済面を支えた。小野寺家に伝わる『衣川金山録』には、東北や全国の金山の所在地が記されており、いつの日か再び朝廷を開くときのための準備金として、相当な量の黄金が蓄えられていた。幕末の慶応四年、会津若松藩では「会津銀判」と呼ばれる銀判が大量に出回った。この銀判は、戊辰戦争に備える武器調達戦費として利用された。この銀判には十六菊花紋が刻印されており、それは「南朝の天皇」を表していた。南朝の皇統が戊辰戦争の軍資金を用立てていた証左である。

もう一つの南朝皇統を支えた力の源泉は糸割符《いとわっぷ》貿易だった。糸割符貿易とは、海外との貿易を、ごく少数の特定の商人が独占的に行うことができる特殊な免許制度だった。千福小野寺三郎は糸割符仲間の屋号である「鮫屋」を持っていた。千福小野寺三郎はとくに明との貿易で独占権を利用し、莫大な利益を得ていた。

しかし、すべてが順風満帆だったわけではなかった。自天皇から数えて六代目の三超院は「王佛冥合立正安国」を主願とする千福屋形小野寺一族と本門宗徒に擁立され、富士大石寺（現在の富士市依田原字大石寺）にとどまり、法号を日秀と称していた。

時の幕府は、当時異端とされていた三鳥派《さんちょうは》を掲げていた三超院を弾圧した。「三鳥派」は「三超派」が本来であり、三超とは王を意味していた。武家支配による封建制度を揺るがしかねない「三超派」は弾圧され、延享元年（一七四四年）、日秀の孫の長寿院は一時的に身を隠した。

そして幕末、南朝皇統は「東武皇帝」として歴史の表舞台に出た。この時、南朝皇統の知徳院、大政天皇は、共のものを連れて京に入った。千福屋形小野寺氏の遠縁である、徳川慶喜の御用人の平岡円四郎は案内役として同行した。平岡は、大政天皇の唱える開国・和平・通商の思想に深く共鳴していた。しかし元治元年（一八六四年）の二月十六日、平岡円四郎は攘夷派の水戸藩士らに暗殺される。大政天皇は身の危険を感じ、東北の仙台藩を目指した。仙台藩主・伊達慶邦の生母・延寿院は、大政天皇の叔母だった。その縁を頼った。

仙台藩を中心とする奥羽越列藩同盟は、大政天皇を頭に抱き、官軍と称する薩長連合と対峙した。南朝皇統が歴史の表舞台に再び立つ日が、ついにやってくるはずだった。しかし、慶応四年（一八六八年）六月六日、形のうえでは孝明天皇の弟にあたる、輪王《りんのう》寺宮《じみや》として知られる北白川宮能久親王《きたしらかわみやよしひさ》が、会津若松藩に駆け込んだ。その前、輪王寺宮は徳川慶喜の助命嘆願のため京に入るもほとんど、誰にも相手にされず、江戸へ帰った。

そして薩長軍が上野山を襲撃すると、すぐさま寛永寺を逃げ出し、会津若松藩に駆け込んだのだった。

東北の諸藩は、大政天皇と輪王寺宮のどちらにつくべきか意見が割れた。そして、奥羽越列藩同盟は瓦解した。

その後、本来ならば逆賊として極刑に処されても不思議ではない輪王寺宮は、伏見宮家に復帰し、陸軍に勤務。順調に出世し、没後は陸軍大将として国葬に付された。輪王寺宮の行動は、官軍が仕掛けた謀略であったと囁かれている。

しかし、奥羽越列藩同盟の敗因はこれだけではなかった。大政天皇は自らの豊富な資金を戊辰戦争の軍資金に用立てた。しかし、その資金の膨大さに、海外商人は目の色を変えた。取引は前払いで行われたが、東武官軍が破れて消滅すれば、取引を清算せずに金銀だけを手に入れることができる。そこで武器商人たちは、意図的に西軍に肩入れした。西軍に最新式の武器を優先的に納入し、東武官軍へは武器の納入を遅らせた。さらに、東軍へ渡した武器は旧式できわめて低性能のものだった。東軍は破れ、こうして海外の武器商人たちは、取引を清算せず、先払いされた莫大な金銀を騙し取った。

大政天皇は、敵の目を欺くため、自ら崩じたことにして、陵墓を高輪東禅寺に造らせた。しかし、明治政府の官憲たちは、この墓を徹底的に破壊しつくした。小野寺氏によれば、これは儒教思想で極刑とされる「剖棺斬屍」であり、その人の死後墓を暴いて再び殺すことを意味している。

その後、明治二十年ごろから「南北朝いずれに正当性ありや」という議論が広がり始めた。明治政府は、もう一人の天皇が居た事実を徹底的に封じたかった。議論を強引に打ち切るためにも、北朝出身の明治天皇は、自らの正当性を否定してまで帝国議会の「南朝が正統」という決議案を了承した。

長くなってしまったが、以上が『美しきペテンの島国』の「もう一人の天皇」に関する概要である。

小野寺氏についての和田家文書の記録

和田家文書の一書『北鑑』の第五十一巻に、秋田の小野寺氏に関してこのような記録がある。

天喜の代に、夜の空を明く輝く巨星ありて、奥州に不吉の兆ありと卜部の餘言ありき。世襲は蝦夷討伐の士気高まりて、官軍を卒して源頼義、奥州に戦端を画策して、羽州の清原氏、三陸の金氏、宇曽利の安倍富忠、等を安倍頼良の幕下を反忠せしめたり。

安倍一族をして奥州に戦を招くは、萬議にして是を避けんを都度に源氏の難題に睦めども、あまりに重き貢税とその非道の窮りなきに怒りて遂に衣の関を閉たり。亦、日高見川の白鳥舘より東稲山麓に舟橋を張りて、敵船の北進をも留めたり。依て、多賀城、膽澤の間、断たれたり。時に安倍頼良、軍旗を初めてかゝげ、日本将軍として軍紋を日輪にして楯垣、逆茂木の陣に固めたり。

兵を北より募り、東日流の上磯太郎義宗、飽田の小野寺四郎忠景、火内の平清則、鹿野の高原越中忠重、荷薩體の小笠原兼松、閉伊の津田次郎高光、糠部の戸来正頼、仙北の生保内四郎勝頼、渡島の松尾勝十郎茂次、らの豪無双の武士ら、併せて三萬六千騎、衣川に陣を布したり。

報に驚きたる源氏の間者、清原武則の使者に知る。頼義、軍を引きて多賀城に幾運をまてども、軍策の画策ならず、沈黙せり。試みに伊治沼に進みては、遂に伏兵ありて大いに敗北せり。

これは、平安時代後期の陸奥国（東北地方）で起こった前九年の役に関する記録である。天喜の時代、陸奥守であった源頼義は、羽州の清原氏、三陸の金氏、宇曽利の安倍富忠ら俘囚を調略し、味方に引き入れることに成功した。しかし、陸奥国奥六郡を治めた俘囚長の安倍頼時（初名は頼良）は、源氏のつきつける重税などの難題に業を煮やし、ついに立ち上がった。日之本将軍として日輪の軍旗を掲げ、兵を募り、三万六千騎の陣を衣川に敷いた。驚いた頼義は多賀城で様子を伺うも、試しに多賀城に進軍すると、伏兵の攻撃を受け敗北した、という内容である。

この時、飽田《あきた》の小野寺四郎忠景が、安倍頼時に協力したという。飽田は秋田の旧名である。雄勝は現在の秋田県である。小野寺四郎忠景は、自天皇が頼った小野寺中務少輔家貞と同じ小野寺氏族であると思われる。小野寺氏の出自については諸説あるようだが、古代より安倍氏と深いつながりを持っていたと考えられる。小野寺直氏の著作『正統天皇と日蓮　ついに明かされる王仏冥合の真実』によれば、小野寺氏の祖は、平治の乱の際に藤原信頼に味方して敗れ、下野国に流された小野寺入道義寛という人物であるという。そして小野寺入道義寛が足利散位家綱の娘を妻とし誕生したのが禅師太郎道綱。道綱は源頼朝より奥州新田郡の地頭職を拝領した。その子孫は新田小野寺殿と呼ばれた。そして、道綱の弟である小野寺左衛門尉秀道の遺跡、出羽国千福地方ものちに支配するようになったという。また『物部文書』には小野寺氏が物部氏と多くの姻戚を結び、唐松神社（神功皇后が創建し、物部氏が宮司を務める）を崇敬したという記録がある。

奥州藤原氏の初代藤原清衡は、安倍頼時の孫にあたる。奥州藤原氏の栄華の象徴である平泉は、金箔で覆い尽くされた寺や堂、仏像が溢れる黄金都市であった。小野寺氏は、この黄金都市を築いた金脈、銀脈の情報を持っていた。

奥羽越列藩同盟は、東北の諸藩が逆賊とみなされたゆえ、やむなく結成されたという側面はあるだろう。とはいえ、同盟が成立した背景には、近代まで東北の人々の中に残っていた連帯意識が根底にあったとも考えられる。蝦夷の、荒吐族の反体制の意識は、奥羽越列藩同盟へ受け継がれていたのだろうか。同盟の中心的存在であった仙台藩は、江戸時代も幕府から常に警戒される存在であった。東京都の神田川、飯田橋駅付近から秋葉原駅付近までの、仙台藩によって整備された「仙台堀」は、徳川秀忠が、仙台の伊達藩の財政を圧迫するために計画したともいわれている。徳川幕府は、江戸時代に入っても、虎視眈々と倒幕の機会を窺う仙台藩の情報を掴んでいたのかもしれない。

古代中国の信仰、イタテの神を信仰していた伊達家

斎木氏の『出雲と大和のあけぼの』では、伊達家は「イタテ」いう神を拝む家系であったと記されている。伊達の読みは、かつて政宗が遣欧使節を出したときのローマ法皇への書簡で、伊達の表記も「IDATE」となっていた。宮城県加美郡色麻町にある伊達《いだて》神社は、播磨（兵庫県姫路市）の射楯兵主神社を勧請し建てられたものであり、伊達の語源が射楯であったことを示している。そして、伊達家からの崇敬も篤い神社であったという。実際に伊達家が射楯信仰を持っていたことがここに顕れている。

伊達氏は、その祖を藤原北家魚名流の藤原山蔭と自称していたが、これについては疑わしいとする研究者も多い。はっきりしている伊達氏の起こりとなった祖は、中村宗村入道念西（中村常陸守入道念西）である。源頼朝から奥州合戦の石那坂の戦いでの功に対して、伊達郡（現在の福島県伊達市）を与えられ、常陸国伊佐郡（現・茨城県筑西市）

より移住し、以後、姓を改め伊達を称することになった。仙台藩主第四代伊達綱村は伊達家の系譜調査に注力し、「伊達正統世次考」を編纂した。「伊達正統世次考」や幕府へ提出した伊達系図では藤原山蔭の後裔である中村朝宗を、中村宗村入道念西の父としている。

伊達市には、貞観年中（八五九年から八七七年）に勧請された伊達神社があり、これが伊達郡の地名の由来であったと考えられる。福島県伊達郡誌には以下の記述がある。

伊達は射楯とも印達とも〈中略〉書きて、素盞鳴尊の御子五十猛神の御名より轉訛したる事明白なり　其原地は播磨国飾磨郡の印達郷なる事疑を入るべからず　今其由来を考ふるに陸奥国加美郡四竈村の伊達神社は延暦十一年田村麿の〈中略〉田村将軍に従ひて是の地移住し先つ其氏神伊達神社を祀り其地に原住地の名を取りて伊達郷と呼びなしたりし事左の記事によりて明白なり。

陸奥国加美郡四竈村とは、先に挙げた宮城県加美郡色麻《しかま》町である。四竈村が播磨国飾《しか》磨《ま》郡の印達郷由来で伊達郷と呼ばれたように、伊達郡も伊達神社から名前を取ったということである。中村宗村入道念西が伊達郡移住以前から射楯信仰を持っていたかどうかは不明だが、伊達郡で射楯信仰に接していたことは確かである。

富家の伝承ではスサ族は朝鮮から渡来したと伝えられているが、日本書紀でも天を追放されたスサノオとともに五十猛は新羅曽尸茂梨に天降ったとされている。『出雲と大和のあけぼの』には、播磨にヒボコ族や新羅系の人々が住んでいたと書かれている。スサ族と同化したヒボコ族は、同じ新羅系の五十猛に対する崇敬を持っていたと考えられる。播磨で射楯の神と兵主神は合座され、二神は密接な関係となった。

また、射楯兵主神社の祭神である兵主神とは、中国の古代信仰、山東八神（天主・地主・兵主・陽主・陰主・月主・日主・四時主）のうちの一神、兵主である。また、非公式であるが、大兵主神とは剣《ホコ》を御神体とする武勇の神であるということから、穴師坐兵主神社の真の祭神はヒボコであるという説がある。吉田大洋も射楯兵主神社の祭神をヒボコとしている。『史記』の封禅書には「兵主とは蚩尤《しゆう》である」と記されている。蚩尤は、人の身体に牛の頭という姿の神である。この点でも、牛トーテムのヒボコ族と兵主は結び付く。兵主神とヒボコを同神とする信仰があった可能性がある。歴史学者の三品彰英は、山東と南韓との交通が盛んであり、両地の祭儀土俗が一致していたことを指摘している。

伊達家の菩提寺である宮城県松島町の瑞巌寺には、伊達家一門用の「文王の間」がある。ここには、中国・周の文王と太公望呂尚の出会いを中心に、宮殿の様子や首都洛陽の繁栄等が描かれている。はじめ、伊達家一門用の間に、なぜこのようなものが描かれているのか、不思議に思った。しかし、伊達家が射楯信仰（射楯兵主神社への崇敬）を持っていたと知り、点と点がつながった。伊達家は、周と関わりの深い山東の神への信仰心を持っていたのである。「文王の間」もまた、伊達家と兵主神との関係を示していると考えられる。さらに、仙台の表記を、元の千代から仙人の住む地を意味する仙臺（仙台）へと改めたのも、太公望や中国の仙人に対する思いがあったためだったのかもしれない。実際に伊達政宗は「わきて釣りには他念なきものなり。太公望、おもしろがりたるも道理かな。罪も報も後の世も忘れはてておもしろやと、げにさもあらずるものを。」

蚩尤（しゆう）

という言葉を残している。釣りの面白さについて、太公望が釣りを面白がっていたのも納得だということである。この言葉にも、政宗の太公望に対する特別な思いが顕れている。

伊達家を支持した蝦夷、荒吐族

常陸入道念西が伊達郡移住以前から射楯信仰を持っていたかについて調査と考察も記しておく。常陸入道念西は伊達郡移住以前は常陸国真壁郡伊佐庄が居住地であった。伊佐の地名の由来ははっきりしていない。伊佐という表記が含まれる神に、比古伊佐勢理毘古命《ヒコイサセリビコノミコト》がいる。またの名は吉備津彦命《キビツヒコノミコト》である。吉備津彦命は崇神天皇によって吉備へ派遣され、播磨を入り口として吉備を占領した。そのことから、播磨・吉備周辺には吉備津彦命を祭神とする神社が点在する。吉備津彦命は侵略者側ではあったが、次第にこの周辺の新羅系の人々の信仰にも結びついていったことが伺える。日立の伊佐の地名の由来が比古伊佐勢理毘古命と関係があったとすれば、伊佐庄に新羅系の信仰が根付いていたと考えられる。

伊佐庄は現在は茨城県筑西市となっているが、この周辺にある雲井宮郷造神社、五所神社、二所神社は、いずれも藤原氏と関係の深い神（武甕槌命、経津主命、天児屋根命）を祀っている。奈良県の春日大社は藤原氏の氏神を祀るために創建されたが、その境内には兵主神社がある。藤原氏もまた、兵主信仰との関わりを持っていた。その点から、藤原氏は新羅系の信仰とも接点があったと考えられる。常陸の伊佐氏は、藤原定任の長男実宗が常陸介に任じられ、常陸国の伊佐に住し、伊佐氏を称したことから始まるとされる。筑西市に藤原氏と関係の深い神社が多いのは、そのためと考えられる。伊佐庄には、藤原氏によって新羅系の信仰が伝えられていたはずである。伊達氏が自称するように祖先が藤原氏であったかは定かではないが、常陸入道念西以前の伊達氏の祖先が、新羅系の信仰と深い接点を持っていた可能性が見えてくる。藤原氏が崇拝していた武甕槌命は、兵主神と同じく武勇と金属の神である。元々は兵主信仰を持っていた藤原氏だったが、権力拡大のために天孫族の信仰を取り込んだ結果、兵主神を武甕槌命へ置き換えたのかもしれない。さらに、五十猛の「五十」という表記は「いさ」という読みもあり、この点も伊佐の地と新羅系の信仰との関係を想像させる。

また、兵庫県たつの市揖保町には中臣印達《なかとみいたて》神社が存在し、五十猛を祀る。藤原氏の祖は中臣氏であるが、この神社の中臣は地名に由来するものである。しかし、中臣氏がこの地方に進出していた記録はあり、地名の由来と関係していたと思われる。この神社の名もまた、藤原氏と兵主・射楯信仰の結びつきを思わせるものである。

蝦夷、荒吐族と新羅人・ヒボコ族との結びつきについては、先に記した。多賀城の荒脛巾神社は、仙台藩主伊達家も社領を寄進して保護していた。射楯兵主神社がヒボコを祭っているのであれば、伊達氏とヒボコ族、荒吐族の繋がりもあったはずである。戦国時代、伊達氏が東北の地で民衆の支持を得て強大な勢力を持ち、戊辰戦争では仙台藩が奥羽越列藩同盟の中心となった背景には、伊達氏が射楯兵主神社への崇敬の念を持っており、東北の民衆の信仰心との距離が近かったということが、要因の一つにあったのではないだろうか。

熊沢天皇とフリーメーソンの関係から見える八切止夫説の可能性

現在の天皇家以外の天皇ということでいえば、第二次世界大戦後に、自身が正統な皇位継承者であると主張した「熊沢天皇」こと熊沢寛道《くまざわひろみち》を思い浮かべる人も多いだろう。

八切止夫のいう、サンカが戦時中、CIAに協力していたという話は、にわかには信じがたいことであったが、この傍証ともいえるエピソードが、熊沢天皇に関する記録の中にある。島田四郎 高田和雄編『日本に君臨するもの――フリーメーソン日本ロッジ幹部の証言』は、一九九八年の発行時に第三十二位級のフリーメーソンであった高崎廣氏の証言を中心に、旧米軍出身の在日フリーメーソンたちへのインタビューなどをまとめた一冊である。この中に、南朝・後南朝研究家の山地悠一郎氏による「熊沢天皇」に関するコラムが収録されている。

「熊沢天皇事件」は、熊沢寛道が一時はGHQの擁護を背景として昭和天皇と競立した騒動で、政治参謀の吉田長蔵を通じて昭和二十六年一月五日に「天皇不適格確認訴訟文（付『天皇空位論』）」を東京地方裁判所に提出したことがピークとされる。しかし結局、同年二月十九日に「天皇は裁判権に服しない」と却下された。このコラムには、その後の熊沢天皇の動向の一端を知ることができる書簡が紹介されている。この書簡の差出人は、昭和十二年の八月に「国体の根本義的重大事実に関する建白書」を内閣に提出した角田清彦の関係者、宛先人は、挿し絵画家の伊藤彦造だという。その書簡の内容は、以下のようなものである。

一月二十八日ころは意外な降雪で過日、お預かりしたお写真を早速、南朝正系様（注・熊沢寛道のこと）に届けたいのですが遅れてしまい申し訳ありません。

（中略）

今回、南朝正系様の問題に関してその運動方針と資金獲得方法についてじっくりと協議したいので御来訪をお待ちしています。

来月（注・二月）六日〜八日の三日間、静岡県富士宮市で同志主催の南朝正系の慰労会あり、当日は私と吉田氏（注・吉田長蔵のこと）がお供しますので貴兄にも同道をお願いしたいのです。往復旅費（二等車）をはじめ、一切の費用は先方持ちです。当日は市長、税務署長、警察署長ほか土地の有力者多数の出席があり、各新聞記者も動員されるので是非、来て欲しいのです。

そのほか天理教本部へ資金獲得に出張する件についても貴兄の御出馬をお願いします。フリーメイスン（注・フリーメーソン）を利用すれば一千万くらいの資金は可能であるから、この件についてもお忙しいとは思いますが、是非ともご来駕希いたいのです。

（中略）

今回、南朝正系のカクレ家を表記に決定したので今後のご連絡は左記宛てにしてください。

杉並区――――――　角田方　高島　某

山地悠一郎氏は「私の知る限り、この手紙は熊沢天皇周辺でフリーメーソンの名前が資金調達に関して現れる唯一の物証である」という。

さらに、半世紀後、アメリカ国立公文書館（ナショナル・アーカイブス）の資料が時限公表で公開された。その中には、マッカーサーがダイク少尉に命じて、熊沢天皇擁立のための調査を行っていたことを証する資料が含まれていたという。また、マッカーサーは占領軍の最高司令官として、日本外務省に「熊沢天皇の件に干渉するならば面白くないことになるであろう」と諜報関係のエリオット・ソープ准将に命じて釘を刺したという。

熊沢寛道の支持者たちが、フリーメーソンを利用して、天理教から政治活動資金を獲得しようとしていることは書簡の文面から判明するが、フリーメイソンリーが熊沢寛道を天皇とすることを支持していたかどうかは、この文面からは判別はつかない。英連邦系（UGLE）のフリーメイソンリーは会員同士の政治及び宗教に関する議論を禁じているという。フリーメイソンリーは、組織の意向として熊沢寛道を天皇としようとしていた訳ではないのではないか、と考えられる（政治及び宗教に関する議論の禁止は表向きだけのことである可能性はあるが）。しかし、フリーメイソンリーには米軍関係者の会員が多く存在していたことは確かであり、それゆえフリーメーソンの名前を出すことが、天理教を相手に交渉するうえで、何かしら重要な意味を持ったのかもしれない。先に紹介した出雲大神宮の広瀬宮司の言葉では、天理教も出雲系であるという。「熊沢天皇事件」もまた、南朝に味方をしたサンカなど出雲系の人々の「南朝復活」の願いを、政治的に利用したCIAの動きの一部であったのではないだろうか。しかし、結局マッカーサーは、昭和天皇の利用価値を見直し、熊沢寛道支持を止めてしまうのだった。

立憲政治実現のためのキリスト教の代用品、皇室

社会学者の小室直樹は、日本が富国強兵を目指す国家政策上、立憲政治を実現させる必要があり、ヨーロッパのような立憲政治を実現するにあたり、以下のような背景があったと説明している。日本も、ヨーロッパにおけるキリスト教の役割のような宗教を持つ必要があった。キリスト教などの啓典宗教における契約は神と人間の間にある絶対契約だが、西方キリスト教諸国においては、この絶対契約が資本主義発生期に、人と人との契約（統治契約）に転換が行われた。しかし明治以前の日本では立憲政治の基軸となるような宗教はなく、伊藤博文をはじめとする日本の指導者たちは、皇室（天皇）を持

って立憲政治の基軸とすることにした。こうして、皇室（天皇）はキリスト教の代用品となった。江戸時代まで長く続いていた武家政治の時代には、一般民衆の中で天皇を知らない人々は多数派にまでなっていた。しかし、明治維新後は武士階級は廃絶され、天皇は近代的絶対君主となった。そして日本古来からの神社の数多くは壊され、残された神社の宗教的儀式についても国家権力が介入した。そして廃仏毀釈によって仏教も圧迫され、天皇教が確立されていった。

小室の分析が明治維新と国家神道成立のすべてではないが、このような側面があったことは確かだろう。明治五年には「修験道廃止令」が出され、明治六年には「卜占祈祷禁止令」まで出された。こうして古来からの日本の信仰や文化は次々に破壊されていった。サンカ出身説のある家康によって作られた徳川幕府の解体後は、伊藤博文、三条実美、岩倉具視、山縣有朋ら藤原氏にルーツを持つ多くの人間が日本を動かす明治となった。後鳥羽上皇が鎌倉幕府執権の北条義時に対して討伐の兵を挙げて敗れた承久の乱以降、天皇家と朝廷は失墜していたが、明治維新によって、天皇家と公家は再び権力を手にした。こうした流れから見れば、『サンカはＣＩＡから「フジワラ打倒のため、今こそ決起の時である」「純粋な日本人の血をもつ民族によって日本を建て直す」と隠密裡にコンタクトされ、列島分断勢力の一つとして利用された』という八切の説明も信ぴょう性のあるものと思えてくる。藤原氏出身者は、常に一族または自身のためにばかり動いていた訳ではなく、海の向こうからの脅威に対して備えていたのではないかと思えるところもあるが、多くの人々から恨みを買ってしまうような行いがあったことは確かなのだろう。「熊沢天皇事件」もそれに関連した騒動であったように思える。

朝鮮系被差別部落民と明治維新

また、明治維新を進めた大きな力となった人々は、薩長土肥の下級武士であった。「明治天皇替え玉説」関連の著作でも有名な作家の鬼塚英昭は、明治維新後に山口県熊毛郡田布施町近隣出身の伊藤博文、木戸孝允、松岡洋右らが政府の要人となったこと、そして山口県含むの瀬戸内海沿い地域に朝鮮系被差別部落が多く在ったことから、明治維新は部落解放運動であったという説を提唱していた。「明治天皇替え玉説」の概要は、幕末に伊藤博文らによって孝明天皇が暗殺され、当時の周防国熊毛郡田布施村に住んでいた大室寅之祐という人物が替え玉になり明治天皇として即位したというものである。「明治天皇替え玉説」は本書の主題から外れるので、これ以上はあまり触れない。明治維新の中心人物たちを動かしていたものの中に、朝鮮や被差別部落という繋がりがあったということについては、実際にそうした記録などが残っているわけではないようで、仮説の域を出ていない。しかし、瀬戸内海沿い地域に朝鮮系部落が多く在ったということについては、本書で扱ってきた内容と関わりがある。

蝦夷鎮撫のための城柵の伊治城があった宮城県栗原市内の金成小迫にある白山神社では、重要無形民俗文化財である「延年」という行事が伝えられている。その中で奉納される獅子舞（ちゃれこ舞）にも、ミトラ教／弥勒信仰と結びつく信仰を見出すことができる。境内には坂上田村麻呂が蝦夷の賊長を成敗した時に、その首を埋めたところだという伝説が残る土壇がある。この舞では、道化面をつけた獅子愛しが、獅子を誘って土壇に登る。土壇へ登った獅子はそこで舞ったのち、寝そべってしまう。それは寝ているようにも、死んでいるようにも見える。その後、獅子愛しは御幣束を地面に突き立て、かしわ手を打つと、左腕を右手で支えて持ち上げ、四方を拝む。そうすると獅子は目を覚まし、獅子愛しに導かれ、参道へ帰っていく。ここにも「獅子」「再生」という特徴があり、ミトラ教／弥勒信仰からの影響を見ることができる。死者の眠る土壇に、御幣束を地面に突き立てるというの点は、ヒラムの復活も想起させられ、興味深い。そして、これも朝鮮系のヒボコ族と蝦夷の結びつきを表すものと考えられる。先に触れた菊池山哉の研究では、被差別部落と蝦夷の強制移住の関わりが示唆されていた。瀬戸内海沿い地域に朝鮮系部落が多いというのも、そのことが関係している可能性がある。

かつて瀬戸内海一帯に、船を家として海を放浪して生活する「家船《えぶね》」と呼ばれる人々が居た。もともとは村上水軍の傘下にあった海賊衆であった。生粋の海人にも関わらず漁業権を持っておらず、一本釣りなどの零細な漁業で生きてきた。彼らは江戸時代後期から、陸に定住し始めた。その住居は、被差別部落に隣接した地区に多く、村の祭礼などでも、部落民と同じく排除されていた場合が多かったという。彼らは『浮鯛抄《うきたいしょう》』という古い巻物を大事にしてきた。この巻物の写しを見せると、どこの浦浜でも大目に見られて漁ができたという、曰く付きの巻物である。

ここまでの家船についての説明は、鬼塚も参照していた歴史家・沖浦和光の説明を要約したものである。沖浦による『浮鯛抄』の要約を以下に引用する。

『浮鯛抄』は『日本書紀』の仲哀天皇二年の条に出てくる神功皇后伝説から書き始

められている。彼らの本拠地であった秋の能地沖は、昔から浮鯛で有名だった。初夏の大潮の日に鯛が群れをなして海面に浮かび上がる。あまりの急潮に、鰾(うきぶくろ)の調節ができないので浮かび上がってくるのだ。たまたまこの沖を通りがかった皇后が、船に寄ってきた鯛に酒を注がれると、鯛はみな酒に酔って浮かび上がってきた。漁師たちは喜んで鯛を掬（すく）って、きれいな食器（はんぼう）にいれて皇后に献上した。それを賞（め）でられた皇后は、これからは能地浜の漁師は諸国のいずれの浦浜で漁をしてもよいと仰せられた。おほめによって特別の勅許を賜ったのだ。そして、「さてもこのあたりは能（よ）き地かな」と仰せられたのである。それ以後、この地を能地（のうち）と呼ぶようになったというのである。

沖浦はこの話を荒唐無稽の作り話としている。それはともかく、瀬戸内海の家船の人々と神功皇后の結びつきの強さを『浮鯛抄』は示している。神功皇后はヒボコ系であったということは先に述べた。ヒボコは辰韓から訪れたが、神床家の伝承ではヒボコ族には百済系の渡来人も合流したとある。同じ朝鮮系の文化を持つ民族同士、結びつきやすかったのかもしれない。そして『浮鯛抄』の存在も、瀬戸内海の被差別部落と朝鮮の結びつきを表わしている。

岡山県総社市奥坂に、鬼ノ城《きのじょう》と呼ばれる山城がある。鬼ノ城の歴史は解明されていないが「温羅」という鬼神が居たという伝承がある。斎木氏の『出雲と大和のあけぼの』に、ヒボコの子孫であるという神床さんの話が載せられている。神床さんは「温羅はヒボコノ命を例えている、と思います」と語っている。百済人とヒボコは混同されたのではないか？　山城を築いたのは百済人だが、吉備の人々が、ヒボコの子孫がやられたことに対して、ヒボコの子孫たちからの復讐を恐れ、百済人に築城を頼んだのではないかという。ともかく、この山城は朝鮮式と目されている。

熊毛郡田布施町と大和町の境界に神籠石《こうごいし》と呼ばれる、山城の遺跡がある。この場所については、はじめ霊域説と古代山城説が対立し、論争となっていたが、各地の神籠石が調査されるにつれ、山城であることが確認された。しかし、神籠石という名称は朝鮮式山城と区別するために用いられ、朝鮮式ではないと見る向きがある。しかし、鬼ノ城と見比べると、非常によく似たものと思える。筆者はやはり朝鮮式山城なのではないかと思う。但馬に住んでいたヒボコ族は、他の勢力に追われ、徐々に西へ移動したという。熊毛郡周辺も、百済人を伴ったヒボコ族が移住してきた場所であったのかもしれない。

さらに、強制移住させられた蝦夷も合流し、部落が形成されていった可能性がある。

安倍晋三元総理は、奥州奥六郡を支配した俘囚長・安倍頼時第二子の安倍貞任の末裔であると自称している。安部元総理の本籍地は、田布施町と同じ山口県の大津郡油谷町（現在は長門市）である。岸と安倍の家門で家政婦として四十年を過ごした久保ウメは週刊朝日誌のインタビューで「安倍家の本流は青森県だ。安倍元外相が朝鮮だと言ったが、これは今の北朝鮮ではなく、その北と吉林省の下側にあった渤海」「十一世紀平安

鬼ノ城（きのじょう）

神籠石（こうごいし）

時代の武将だった安倍が今の安倍家の祖先と一致する」と説明したという。安倍一族は朝敵として源氏に滅ぼされ、山口へ流された。このように、実際に俘囚が山口まで流された記録があるのである。そして、蝦夷と朝鮮の深い関係も伝えられているのである。さらに、昭和六十二年には安倍元総理は両親の安倍晋太郎夫妻と昭恵夫人と共に、荒吐族の聖地とされる津軽山中の石塔山荒覇吐神社を参拝している。このときは昭恵夫人の遠縁の親戚である岡本太郎も同行したという。安部元総理が自分が奥州安部氏の末裔であると信じていることが伺える。これも、中国地方と蝦夷の繋がりを示すことの一つである。

こうして見ると、藤原氏を含む、百済や朝鮮と深い関係にあった人々の力が弱まっていた徳川幕府の体制を、百済を中心とした朝鮮系の人々が変えようとしたのが明治維新と見ることはできるかもしれない。しかし先に述べたように、これは仮説の域を出るほど、有力な証拠があるわけではない。一応、そうした仮説も立てられるということについてだけ、ここでは記しておく。

天皇は操り人形

明治維新による共和制に近い徳川幕府の体制から、中央集権的な明治政府への転換により、経済を成長させることはできただろう。この転換は、日本を守ることとなった側面はある。脳機能学者で、歴史関係の著作も多くある苫米地英人氏は著書『明治維新という名の秘密結社』の中で、以下のように記している。


特に伊藤は明治の日本において常に正しい時に正しい場所にいた男でした。銀行制度にも深く関わっており、華族制度にも勲章制度の施行もリードしています。のちには元老となり、明治天皇のそばについて政務を補佐する役割も果たします。

この元老ですが、伊藤のほかには山縣有朋、黒田清隆、松方正義、桂太郎らがいました。彼ら元老たちは、三井、三菱、安田、住友など日本にあるすべての財閥たちと縁戚関係を結び、政官財の一大コミュニティを完成させます。

薩長たちが狙っていた王族コミュニティがここに完成するのです。

もちろん、それは富国強兵にとってはいいことでした。一カ所に富を集中させることで富が効率よくふくらんでいくのは、現在の金融経済を見てもわかるでしょう。

ただし、問題はそれによって何が起きたのかということです。以前から主張しているように、彼ら薩長が突き進んだ道は戦争でした。欧州のコミュニティに入っていくことは、同時に彼らの政争に巻き込まれることでもありました。彼らと価値観を同じくするとはそういうことでもあるわけです。

とはいえ、不平等条約の改正には国力を上げること、はっきり言えば、兵力を増強し、強さを示すことが先決でした。欧米との付き合いは言葉ではないのです。事実、欧米諸国が不平等条約の改正を認めたのは日清、日露の戦いに日本が勝利したあとでした。明治天皇にガーター勲章が贈られたのもロシアに戦争で勝ってからですから、国際政治がやはり実力の世界なのです。

ですから、薩長土肥の人々が選択した道は間違っていません。いえ、この道しかなかったでしょう。

ただし、問題は彼らの心の内です。欧州諸国と肩を並べることができたのち、どんな世界を作っていこうと考えていたのか、ということです。

苫米地氏も、明治維新の主導者たちの行いを認めたうえで、問題もあったことを指摘している。苫米地氏によれば、明治政府が目指したものは、憲法上、天皇に主導を持たせておいて、その実は薩長の人間たちがすべてを決める、便宜上の独裁政治であったという。彼らはニセの勅書を作ったり、錦の御旗を偽造したりと、本当に天皇を尊敬しているのであれば、畏れ多くてできるはずがないことをしていた。さらに、東宮成婚に関する会議の中で、ドイツ人医師エルウィン・ベルツに伊藤博文が語った言葉を紹介している。以下にその言葉を引用する。

「一昨日、有栖川邸で東宮成婚に関して、またもや会議。その席上、伊藤の大胆な方言には自分も驚かされた。半ば有栖川宮の方を向いて、伊藤のいわく『皇太子に生まれるのは、全く不運なことだ。生まれるが早いか、到るところで礼式（エチケット）の鎖にしばられ、大きくなれば、側近者の吹く笛に踊らされねばならない』と。そういいながら伊藤は、操り人形を糸で踊らせるような身振りをして見せたのである。」

「こんな事情をなんとかしようと思えば、至極簡単なはずだが。皇太子を事実操り人形にしているこの礼式をゆるめればよいのだ。伊藤自身は、これを実行しようと思えばできる唯一の人物ではあるが、現代および次代の天皇に、およそありとあらゆる尊敬を払いながら、なんらの自主性をも与えようとしない日本の旧思想を、敢然と打破する勇気はおそらく伊藤にもないらしい。この点をある時、一日本人が次のように表明した。『この国は、無形で非人格的の統治に慣れていて、これを改めることは危険でしょう』と。」（エルウィン・フォン・ベルツ『ベルツの日記』）

伊藤がここまで露骨に天皇を操り人形を見ていたことを示す記録が残っていることには驚かされる。さらには太平洋戦争末期、近衛文麿が昭和天皇に政務を上奏するとき、椅子に座り、足を組んだままで、涼しい顔をしており、周囲から顰蹙を買ったという話もある。近衛氏は藤原五摂家の筆頭であった。藤原氏もまた、本当に天皇を尊敬していたわけではないということの顕れではないだろうか。

明治維新によって、富国強兵を進めやすい体制となり、欧米諸国に日本の立場を認めさせることができたということは事実なのだろう。しかし、同時に下級武士たちと藤原氏によるクーデターという側面もあった。犠牲を生みながら、体制は作り変えられた。たられればを語っても、過去を変えることはできないが、しかし、本当にこうするしかなかったのか、他の道はなかったのか、考えることは無駄ではないはずだ。これから私たちがより良いグランドデザインを描くために、それを考えてみるのは有益なことだろう。ぜひ、この本の読者一人一人が、それを考えてみて欲しいと思う。本当に無力な人間はいないのだ。まつろわぬ民と呼ばれた人々は、繰り返し理不尽を突きつけられても、懸命に生きる道を探り、そうして生き残り続けた。私たちも諦めてはいけない。

主要参考文献

『石神問答』（柳田国男、聚精堂）
『ブラック・アテナ　古代ギリシア文明のアフロ・アジア的ルーツ　古代ギリシアの捏造1785-1985』（マーティン・バナール、新評論）
『謎の出雲帝国　天孫一族に虐殺された出雲神族の怒り 怨念の日本原住民史』（吉田大洋、徳間書店）
『謎の弁才天女　福神の仮面をかぶった呪詛の神』（吉田大洋、徳間書店）
『竜神よ、我に来たれ！　幸福を呼ぶ守護神の祭り方』（吉田大洋、徳間書店）
『和法健康法　古代出雲の驚異』（吉田大洋、こだまブック）
『出雲と大和のあけぼの　丹後風土記の世界』（斎木雲州、大元出版）
『出雲と蘇我王国　大社と向家文書』（斎木雲州、大元出版）
『古事記の編集室　安万侶と人麿たち』（斎木雲州、大元出版）
『幸の神と竜　古代が分る鍵』（谷戸貞彦、大元出版）
『「古史古伝」論争　別冊歴史読本特別増刊』（新人物往来社）
『真実の東北王朝』（古田武彦、ミネルヴァ書房）
『謎の東日流外三群誌　日本は二つの国だった』（佐治芳彦、徳間書店）
『超真相　東日流外三郡誌　日本は二つの国だった！』（佐治芳彦、徳間書店）
『東日流外三郡誌の秘密　いま甦る古代東北王朝』（佐治芳彦、徳間書店）
『超新論 古史古伝』（佐治芳彦、徳間書店）
『漂泊の民山窩の謎　日本のジプシー 忍者カムイ・出雲の阿国』（佐治芳彦、新國民社）
『日本列島史抹殺の謎　偽史組織と教科書改竄』（吾郷清彦、佐治芳彦、鹿島曻、新國民社）
『秋田「物部文書」伝承』（進藤孝一、無明舎出版）
『正統「竹内文書」の謎』（竹内睦泰、学研パブリッシング）
『古事記の暗号』（竹内睦泰、学研プラス）

『古事記の邪馬台国』（竹内睦泰、青林堂）
『「竹内文書」の謎を解く　封印された超古代史』（布施泰和、成甲書房）
『誰も知らない世界の御親国日本　正統竹内文書がガイドする［超訳］日本神話の世界』（布施泰和、ヒカルランド）
『竹内家長老からの禁則を破って　正統竹内文書　口伝の『秘儀・伝承』をついに大公開！』（竹内睦泰、秋山眞人、布施泰和、ヒカルランド）
『サンカ生活体験記』（八切止夫、作品社）
『サンカの歴史』（八切止夫、作品社）
『天の日本古代史研究』（八切止夫、作品社）
『庶民日本史辞典』（八切止夫、作品社）
『野史辞典　八切日本史字典』（八切止夫、作品社）
『検証・八切止夫　異端の歴史家・八切止夫を解剖する』（歴史民俗学研究会、批評社）
『神字日文考』（吉田信啓、中央アート出版社）
『日本原住民と被差別部落』（菊池山哉、河出書房新社）
『余多歩き　菊池山哉の人と学問』（前田速夫、晶文社）
『海を渡った白山信仰』（前田速夫、現代書館）
『部落史入門』（塩見鮮一郎、河出書房新社）
『異形の王権』（網野善彦、平凡社）
『日本のいちばん醜い日』（鬼塚英昭、成甲書房）
『美しきペテンの島国　続・真説　日本の正体』（高橋五郎、小池壮彦、学研パブリッシング）
『日本の正体　謀略の日本史　この国を支配する権力システムと影の権力者たち』（高橋五郎、小池壮彦、ミリオン出版）
『天皇の国・賤民の国　両極のタブー』（沖浦和光、河出書房新社）
『霊峰白山』（北国新聞社編集局、北國新聞社）

『白山神社と太陽信仰の研究　白山と伊勢神宮の関係を中心として』（東原那美、東村山市教育委員会）
『庚申信仰　庶民宗教の実像』（飯田道夫、人文書院）
『穴師兵主神の源流 海東の古代史を繙く』（皆神山すさ、彩流社）
『神々の誕生　易・五行と日本の神々』（吉野裕子、岩波書店）
『騎馬民族国家　日本古代史へのアプローチ』（江上波夫、中央公論新社）
『日本を不幸にした藤原一族の謎』（関裕二、ＰＨＰ研究所）
『倭の正体　見える謎と、見えない事実』（姜吉云、三五館）
『エミシ・エゾからアイヌへ』（児島恭子、吉川弘文館）
『法隆寺の中のギリシャ・シルクロード文化　聖徳太子関連寺院の真偽を探る』（久慈力、現代書館）
『聖徳太子の本　日出処天子の転生と未来予言』（学研プラス）
『古神道の本　甦る太古神と秘教霊学の全貌』（学研プラス）
『真言密教の本　空海伝説の謎と即身成仏の秘密』（学研プラス）
『陰陽道の本　日本史の闇を貫く秘儀・占術の系譜』（学研プラス）
『大ピラミッドの謎　５０００年のタイムカプセルを開く』（学研プラス）
『原訳「スッタ・ニパータ」蛇の章』（アルボムッレ・スマナサーラ、佼成出版社）
『サンカの社会』（三角寛、朝日新聞社）
『歴史民俗学〈22号〉特集・サンカの最新学2　新研究 サンカ学と三角寛』（歴史民俗学研究会、批評社）
『ミトラの密儀』（フランツ・キュモン、筑摩書房）
『ミトラ神学　古代ミトラ教から現代神智学へ』（東条真人、国書刊行会）
『グノーシスと古代末期の精神 神話論的グノーシス』（ハンス・ヨナス、ぷねうま舎）
『象徴哲学大系Ⅰ　古代の密儀』（マンリー・Ｐ・ホール、人文書院）
『象徴哲学大系Ⅲ　カバラと薔薇十字団』（マンリー・Ｐ・ホール、人文書院）
『フリーメーソンの失われた鍵』（マンリー・Ｐ・ホール、人文書院）

『実践カバラ　自己探求の旅』（大沼忠弘、人文書院）
『日本に君臨するもの　フリーメーソン日本ロッジ幹部の証言』（高崎廣、メディアワークス）
『フリーメイソン　真実の歴史』（クリストファー・アーンショー、学研プラス）
『宗教の秘密』（苫米地英人、ＰＨＰ研究所）
『明治維新という名の洗脳　１５０年の呪縛はどう始まったのか？』（苫米地英人、ビジネス社）
『明治維新という名の秘密結社』（苫米地英人、ビジネス社）
『日本人のための宗教原論　あなたを宗教はどう助けてくれるのか』（小室直樹、徳間書店）
『日本いまだ近代国家に非ず　国民のための法と政治と民主主義』（小室直樹、ビジネス社）
『日本国民に告ぐ　誇りなき国家は、滅亡する』（小室直樹、ワック）

［著者について］

鈴木真悟（すずきしんご）

1978年生まれ。宮城県仙台市出身。

インタラクション・デザイナー／DJ／イベント・オーガナイザー／メディア・アクティビスト。

バンタンデザイン研究所ファッション学部卒業。古本屋店員、レコードショップスタッフ、編集者などの職業を経て、デザイン事務所に所属しデザイナー業へ転身。グラフィックデザイン、WEBデザイン、インタラクションデザインなどの分野で活動を続ける。現在はフリーランス。音楽活動も盛んに行い、クラブでのDJ活動、イベントのオーガナイズなども手掛ける。過去には東北地方の文化を織り込んだクラブイベントをオーガナイスしたことはあったが、歴史学／民俗学的な分野に関する著作は今作が初となる。伊達家に仕えた家臣の家系であったため家に伝わっていた古文書などに関心を持ち、伊達家の歴史や東北の文化全般に関する独自の研究を続けてきた。

今後は過去の経歴に囚われず、幅広い関心事（芸術／文化／デザイン／ヘルスケア／政治／歴史／格闘技／日本酒など）について、ブログなどを通じて、気の赴くままに情報を発信していく予定。

日本列島秘史

出雲、エミシ、アイヌ、サンカ、まつろわぬ民の真実を追う

2021年7月28日　初版第1刷発行
2022年3月22日　初版第3刷発行

著　者　　鈴木真悟（すずきしんご）
発行者　　高橋秀和
発行所　　今日《こんにち》の話題社《わだいしゃ》
　　　　　東京都品川区平塚2-1-16 KKビル5F
　　　　　TEL 03-3782-5231　FAX 03-3785-0882

印刷・製本　　イシダ印刷

ISBN978-4-87565-658-6　C0021